데보라 스미스의 한강 번역

채식주의자의 창조적 배신

이 연구는 한국외국어대학교 교내학술연구비의 지원으로 이루어진 것임.

데보라 스미스의 한강 번역

채식주의자의 창조적 배신

윤선경 지음

추천사

한강은 노벨 문학상을 받은 아시아 최초의 여성 작가가 되었고, 한강의 작품을 영어로 옮긴 번역은 이 문학적 쾌거를 이루는 데 중요한 역할을 하였다. 이 책은 여러 가지 면에서 화제가 된 데보라 스미스의 영어 번역을 주목한다.

저자 윤선경은 오역 논란에도 불구하고 스미스의 2016년 맨부커 국제상 수상작 *The Vegetarian*을 페미니즘 번역의 훌륭한 본보기라고 주장한다. 스미스는 한국어 원본의 페미니즘 요소를 살리고 강화하지만 원본이 한국의 가부장적 시각을 드러낼 때 페미니즘 관점에서 개입한다. 그 결과 번역가는 "번역의 충실성 신화의 중심에 있는 억압적인 가부장제 논리"에 저항한다. 이러한 관점은 *The Vegetarian* 오역 논쟁을 다루는 다음 글에서 더 깊어진다. 윤선경 교수는 한국 남성 비평가들의 비판과 해석을 정치적 불안으로 보고 권력과 서열의 문제에 주목한다. 스미스의 작품이 상징하는 '우월한' 번역, '영어' 번역, 여성 번역가의 '페미니즘' 번역이 그들을 불안하게 한다는 것이다.

또한 저자는 스미스의 *Human Acts*를 영미권 문화 제국주의에 저항하는 탈식민주의 번역으로 본다. 스미스는 한국의 언어, 문화, 역사를 중요한 요소로 존중하고 한국의 역사를 역자서문과 본문에 추가하면서, 낯설은 타문화에 영미권 독자들이 노출되도록 하이브리드 텍스트를 추구한다. 마지막으로 저자는 스미스의 번역이 그것 자체로 문학 작품이라고 주장한다. 원본에 대한 편협한 충실성 개념을 거부하고 한강의 문학성을 영어로 보존하고 강화하는 스미스의 번역들은 문학 작품으로서 성공적으로 새로운 독자에게 다가간다.

맨부커 국제상이나 노벨 문학상과 같은 국제 문학상들을 결정하는 심사위원들은 번역을 읽는 독자들이다. 그들은 세계문학에 독자의 접근을 가능하게 하는 번역 없이는 심사할 수가 없다. 그러므로 한강의 글로벌 문학적 명성은 번역에 달려 있다고 해도 과언이 아니며, 스미스의 문학적 역량과 창조성, 한강의 글이 가진 깊이와 진정성을 살리는 스미스의 역할을 인정해야 한다. 한강의 작품은 한국 문화와 역사에 깊이 아로새겨져 있지만, 스미스의 번역은 읽기의 감동을 선사하며 그 작품을 세계적으로 울려 퍼지게 만든다. 이제 번역과 번역가의 힘에 경의를 표해야 할 때이다.

루이스 폰 플로토우

차례

서론

2024년 10월 대한민국 작가 한강이 노벨 문학상을 수상하였다. 이제 우리도 자부심을 갖고 노벨상 수상자의 작품을 우리말로 읽을 수 있는 영예를 누리게 되었다. 이 수상은 작가 개인의 성취를 넘어서, 한국문학 전체, 한국 문화, 한국의 수상이며 쾌거라고 할 수 있다. 스웨덴 한림원은 상흔의 서사에 천착하는 한강의 글을 두고 "역사적 트라우마에 맞서는 동시에 인간 삶의 연약함을 드러내는 강렬한 시적 산문"이라고 극찬하였다. 그럼, 우리 민족의 오랜 염원이었던 이 눈부신 성취는 어떻게 가능했던 것일까.

주목해야 할 것은 노벨 문학상 심사위원들이 한국어를 모른다는 사실이다. 그들이 읽은 것은 한강의 번역된 소설들이다. 따라서 번역을 누가, 어떻게 하느냐는 번역의 운명 이외에도 원본의 운명에 중요한 역할을 하게 된다. 이를테면, 한강의 『채식주의자』(2007)는 데보라 스미스

(Deborah Smith)가 영어로 번역한 *The Vegetarian*(2015)이 2016년 맨부커 국제상을 받기 전에는 국내외에서 주목을 받지 못했으나, 수상 이후 비평가와 대중의 뜨거운 관심을 받았다. 한강은 처음으로 세계 무대에 화려하게 등장하게 되었고, 이후 가장 많이 번역되어 전 세계에 가장 많이 이름을 알린 한국 작가가 되었다. 따라서 한강의 화려한 노벨상 수상 뒤에는 보이지 않는 많은 번역가들의 공로가 있다.

특히 한강이 처음으로 세계의 관심을 받을 수 있었던 데에는 영어로 번역한 스미스의 기여가 컸다. 노벨 문학상 심사위원들은 스웨덴어 번역이나 영어 번역을 읽었을 텐데, 『채식주의자』와 『소년이 온다』 스웨덴어 번역은 모두 스미스의 영어 번역을 갖고 중역한 것이다. 게다가 스미스의 번역은 가장 강력한 글로벌 언어인 영어로 되어 있기 때문에 한강의 국제적 평판에 파급력이 컸을 것이다. 그러나 스미스의 *The Vegetarian*은 한강에게 국제적 명성을 가져다주었음에도, 국내에서 오역 논쟁으로 곤욕을 치러야 했다. 많은 학자들이 오역을 지적하면서 원본을 왜곡하고 한국문학을 배신했다고 주장했다. 그래서 스미스의 평판은 오랜 무명에서 한국문학을 구원한 영웅이냐, 한국문학을 배신한 반역자이냐 사이에서 아슬아슬하게 걸쳐 있었다. 그러나 비판을 하든 옹호를 하든, 이제 한강의 노벨상 수상에 스미스가 중요한 역할을 했다는 것을 부인하기 어렵다. 그러므로 스미스의 번역은 재평가받아야 하고, 앞으로 한국문학을 널리 알리기 위해서 스미스의 번역을 살펴보는 것이 필요하다.

스미스는 영국의 케임브리지 대학교에서 영문학을 전공한 다음, 소아스(SOAS) 런던대학교에서 석사와 박사 과정으로 한국문학을 공부하고, 대표적인 한국문학 번역가로서 한강과 배수아의 소설들을 주로 번역하였다. 『채식주의자』 이외에도, 한강의 『소년이 온다』(2014), 『흰』(2016), 『희랍어 시간』(2011)을 영어로 번역하고, 각각 *Human Acts*(2016), *The White Book*(2017), *Greek Lessons*(2023, 공역)를 출판하였다. *The White Book*이 2018년 맨부커 국제상 최종 후보에 올랐는가 하면, 북한 소설가 반디의 『고발』(2014)을 번역한 *The Accusation*(2017)은 펜 번역상을 받았다. 스미스는 2015년 틸티드 악시스 프레스(Tilted Axis Press)를 창립해서, 아시아 및 아프리카 문학을 영어로 번역, 출판하고 소외된 변방의 문학을 세계에 알리는 역할을 해 왔다.

2016년 *The Vegetarian*이 수상 후 세계 무대로 진입한 이후, 나는 스미스의 한강 번역을 주목하고 천착해 왔다. 사실 2016년은 내가 문학번역이라는 보기 드문 전공으로 임용되던 해이기도 했다. 나는 스미스의 번역들을 가르치고 연구했으며, 2019년에는 한국외국어대학교에 스미스를 세 차례 초대하여 특강을 개최하였다. 특히 *The Vegetarian*과 *Human Acts*에 집중했고, 총 네 편의 논문이 국내외에서 출판되었다.

제1장 〈채식주의자의 창조적 배신〉은 스미스의 영어 번역 *The Vegetarian*이 오역 논쟁에도 불구하고 원본 『채식주의자』의 주제 의식, '페미니즘'을 살리고 부각하는 페미니즘 번역의 훌륭한 예시임을 주장한다. 특히 스미스가 어떻게 등장인물들을 묘사하는지 주목하는데, 번역에서 두 남편은 더 가부장적이고 두 자매의 연대는 강화된다. 영혜의 남

편은 원본보다 더 이기적인 남자로, 인혜의 남편은 비디오 작품을 통해 예술의 경계를 넘어 성적 착취를 하는 예술가로 그리는 한편, 인혜는 순종적인 여성의 특징이 사라지고 더 주체적인 여성으로 묘사한다. 중요한 것은 스미스의 단어나 문법에 대한 기계적 충실성 거부가 가부장제의 비판과 맞닿아 있다는 사실이다. 영혜가 극단적인 채식을 통해서 가부장제에 저항하고자 한다면, 역시 채식주의자인 스미스도 자신의 창조적인 번역을 통해서 저항하고자 한다. 두 채식주의자는 남성은 우월하고 여성은 열등하다는 가부장제 이데올로기를 창조적으로 배신한다.

그러나 스미스의 창조적 배신은 국내 비평가들 사이에서 격한 오역 논쟁을 불러일으켰다. 제2장 〈순종인가 배신인가? 『채식주의자』 오역 논쟁〉은 *The Vegetarian* 비판이 단순히 오역 때문에 발생한 것이 아님을 주장하고, 그 이면에 어떤 이데올로기와 권력이 작동하고 있는지 파헤친다. 조재룡, 김번, 김욱동 교수의 세 논문들을 살펴보고, 오역 논쟁이 어떻게 직역과 충실성에 사로잡혀 있는지 보여줄 것이다. 이 남성 비평가들은 모두 번역을 엄격한 언어적 충실성과 정확성을 요구하는 것으로 이해하였다. 그들은 번역을 해석과 변형(생략이나 추가)으로 보는 것을 거부하며, 기본 단어와 문화 관련 단어의 '정확한' 번역을 강조하였다. 핵심은 스미스 번역에 대한 비평가의 비판이 단순히 언어의 문제가 아니라 '정치적'이라는 점이다. 이러한 정치적 특징은 다층적인데, 원본과 번역 사이, 영어와 한국어 사이의 권력 서열에 관한 것이고, 나아가 젠더와 깊이 연루되어 있다. 이들 비평가들에게는 상을 받은 스미스의 '우월한' 영어 번역은 한국어 원본의 왕관을 빼앗은 '찬탈자'이고, 오역 논쟁은 한국의 언어와 문학이 마땅히 누려야 하는 '권력'을 스미스 번역이 찬탈한 것에 대한 불안의 표현이라고 할 수 있다. 여기서 젠더는 중요하고 논쟁 이면에는 가부장적인 불안이 드리워져 있다. 번역이 종종 여성화되는 가부장적인 우리 사회에서, 이 오역 논쟁은 여성과 번역이 충실성의 통제를 벗어나 창조적이고 성공적일 때, 그 불안이 얼마나 극에 달할 수 있는지 잘 보여준다.

지금까지 특히 젠더의 관점에서 스미스의 번역과 오역 논쟁의 정치성에 주목을 했다면, 3장에서는 스미스 번역의 문학성과 창조성을 다룬다. 〈『채식주의자』와 『소년이 온다』 번역은 어떻게 '문학'이 되었는가〉에서 나는 스미스의 *The Vegetarian*과 *Human Acts*가 원본에 종속되는 좁은 의미로서의 번역이 아니라, 원본의 문학성을 살리면서도 새로운 독자와 소통하는 독립적인 '문학 작품,' 즉 창조적인 번역임을 주장한다. 스미스는 단어 대 단어 충실성이나 정확성을 추구하기보다는, 원본의 작품성에 충실하고 영어로 훌륭한 소설을 쓰고자 하였고 성공하였다. 먼저 번역가는 영어권 독자를 위해 한국 문화와 영미권 문화의 차이를 매개하려고 노력하였다. 또한 영어 글쓰기와 한국어 글쓰기 차이를 타협하였다. 두 언어는 서로 다른 알파벳을 사용하고 시스템이 다를 뿐만 아니라, 글 쓰는 방식도 다르다. 따라서 좋은 글쓰기의 기준도 다르다. 한발 더 나아가 스미스는 언어나 문체에 주목하고 미학적으로 읽기에 즐거운 번역을 하고자 하였다. 시적이고 서정적인 문체, 이미저리와 은유와 같은 문학 기법을 사용해서 언어의 묘사력과 표현력을 극대화하였다. 그 결과 스미스의 번역은 원본의 서사가 자극하는 번역가의 상상력을 담아내어, 원본의 잠재적 문학성을 살리고 그 감동을 전하는 영어 문학 텍스트로 다시 태어났다.

동시에 스미스는 소수 언어 작품을 영어로 번역할 때 쉽게 빠질 수 있는 문화 제국주의의 위험을 잘 인지하고 경계한다. 제4장 〈『소년이 온다』 번역은 어떻게 영어 헤게모니에 저항했는가〉는 *Human Acts*를 영미권 문화 제국주의에 저항하는 탈식민주의 번역으로 읽고, 스미스가 자국화 번역가라는 세간의 평가에 도전하고자 한다. 번역은 종종 두 언어, 문화 사이의 불평등한 권력관계가 발생하고 지배 언어 중심으로 이루어진다. 반면 탈식민주의 번역은 이 불평등을 인지하고 문화 사대주의에 도전한다. 나는 로렌스 베누티(Lawrence Venuti)의 이론을 근거로 스미스가 *Human Acts*에서 영어와 한국어 사이의 비대칭 권력관계와 영어 지상주의에 맞서, 소수 언어 한국어와 한국 문화를 살리려고 노력했음을 주장한다. 먼저 번역가는 호칭과 한글과 같은 특수한 한국 문화 용어를 음차하고 간단한 설명을 본문에 넣는다. 한국어 단어와 문화를 자신의 영어 번역 안에 눈에 띄는 중요한 요소로 들여오기 위함이다. 스미스는 또한 한국어 원본에서 다루는 5·18 광주 민주화 운동에 대한 자세한 역사적 정보를 역자 서문과 본문에서 제공한다. 궁극적으로 이러한 스미스의 탈식민주의 번역 방식은 지배 언어 영어를 낯설게 하고 서구 독자를 동아시아 한국의 문화적 타자성이라는 현실과 마주하게 한다.

마지막으로 다룰 번역은 신경숙의 『엄마를 부탁해』를 김지영이 영어로 옮긴 *Please Look after Mom*이다. 제5장 〈신경숙의 『엄마를 부탁해』 영어 번역은 어떻게 '베스트셀러'가 되었는가〉에서 2010년대 초반 미국에서 주목을 받은 『엄마를 부탁해』 영어 번역의 성공을 살펴 보고자 한다. 이 번역은 스미스의 *The Vegetarian* 보다 먼저 한국문학을 영미권에 알렸던 베스트셀러였고 오역 논쟁에 휘말리기도 해서, 함께 다뤄보고자 한다. 당시 한국문학은 지금과는 달리 변방의 문학이었으므로, 김지영 번역의 성공은 큰 화제가 되었다. 한국문학을 잘 모르는 미국의 대중 독자에게 다가가기 위해, 김지영 번역가는 자국화 번역을 해서 한국의 언어 및 문화적 요소를 억누르는 한편(그 결과 모성이라는 보편성이 앞으로 드러나고), 평이한 단어와 짧은 문장을 사용하고 문단을 재구성하였다. 이국적인 책 표지 선정도 미국 독자가 다가가는 데 도움이 되었다. 비록 김지영의 번역이 무관심과 오리엔탈리즘의 벽에 부딪혀 한국문학의 세계문학 진입을 이끌어내지는 못했지만, 김지영의 번역 방식은 당시의 척박한 상황을 생각해 보면 한국 문화에 관심없는 영미권 독자에게 다가가기 위한 현실적이고 필요한 접근이라고 생각한다.

스미스의 번역을 학자로서 만난 것은 행운이었다. 번역이 얼마나 창조적일 수 있는지, 얼마나 정치적일 수 있는지 알게 되고, 번역이 페미니즘을 지지할 수도, 문화 제국주의에 저항할 수도 있음을 깨달았다. 역사 속에서 번역은 원본에 비해 독창적이지 않고, '베껴 쓰기'나 기계적인 텍스트로 오해받으며 평가절하되는데, 스미스의 번역은 번역이 훨씬 더 복잡한 창조적인 글쓰기이고 더 나은 사회로 나아가는 데 기여할 수 있다는 사실을 보여주었다. 그것은 꼭 한강이 맨부커상과 노벨 문학상을 받는 데, 나아가 한국문학의 세계화에 기여했다는 사실에만 국한되지 않는다. 번역은 문학이고 문학이 하는 일을 할 수 있음을 보여주었다. 나는 *The Vegetarian*을 만나 페미니스트가 되었고, *Human Acts*를 만나 5 · 18 광주 민주화 운동을 자세히 알게 되었다. 스미스의 번역들은 한국문학과 한강의 문학세계로 나를 인도하였고, 이제 번역의 문학성과 창조성을 실제로 보여주며 작가의 길로 안내한다. 지금 생각해 보니, 스미스의 번역은 나를 학자로서, 여성으로서, 시민으로서 성장시킨 소중한 내 인생의 문학 작품이다. 오랜 시간 연구실에서, 강의실에서 스미스의 번역들을 붙들고 씨름하며 발견한 것들을 독자 여러분과 함께 나누게 되어 기쁘고 뿌듯하다.

나는 이 단행본을 내면서 영어 논문 네 편을 우리말로 옮기며, 번역 과정을 직접 경험하였다. 많은 것을 빼고 넣고 수정하였다. 독자가 달라졌기 때문이다. 한국과 외국의 연구자를 대상으로 쓴 영어 논문을 한국의 일반독자를 위해 이해하기 쉬운 우리말로 풀어서 옮겼다. 어려운 표현과 개념을 쉽게 풀어 쓰고 설명을 추가하며, 인용을 줄이고 간소화했다. 또한 영어 논문 원본과 이 단행본 번역 사이의 출판의 시차 때문에 변형을 하기도 했다. 처음에 영어로 논문을 쓰던 당시에는 몰랐던 새로운 사실들을 넣었는데, 나의 관점이 더 깊어지기도 또 수정되기도 했기 때문이다. 뿐만 아니라, 원래는 독립적으로 출판한 글들을 이 단행본에 하나로 묶으면서, 겹치는 것들은 생략하고 서로 연결하며 재구성하였다. 요약하면, 나는 현재 우리나라 대중 독자에게 '의미 있는' 방식으로 내 논문들을 다시 썼다. 새로운 독자의 마음에 의미 있게 와 닿을 수 있도록 번역하는 것이 번역의 사명이라고 생각한다. 내가 직접 내 글을 번역하는 것인데도, 참으로 많은 수정이 필요했다. 그런데 왜 우리는, 독자가 다른데, 시대가 다른데, 언어와 문화가 다른데, 원본을 있는 그대로, 단어 그대로만, 의미 그대로만 충실하게 옮겨야 한다고 생각할까.

사실 이 책을 출판하게 된 계기는 뜻밖의 사건에서 비롯되었다. 2023년 8월, 한강 작가가 본문 인용을 허락하지 않으면서, 인쇄소 가기 직전 나의 글 〈채식주의자의 창조적 배신〉만 들어내고, 『K 문학의 탄생』(2023)이 출간되었다(2024년 1월 9일 자 경향신문 기고문 참조). 그래서 길을 잃은 글을 어떻게 할까 고민하던 중, 나는 스미스의 번역을 다룬 다른 논문들과 함께 출간하기로 결심했다.

이 책이 나오기까지 많은 분들이 도움을 주셨다. 페미니즘 번역에 처음 눈 뜨게 한 루이스 폰 플로토우 교수에게 고마움을 전하고 싶다. 캐나다 오타와 대학에 방문교수로 나를 초청해 주셨고, 이 책의 출판을 누구보다 응원하고 추천사까지 써 주셨다. 또한 출판 기회를 주신 한국외국어대학교 지식출판콘텐츠원, 기획과 편집에 도움을 주신 장혜정 편집장님께 감사하다. 그리고 한결같이 나를 응원하고 사랑해 주시는 부모님께 감사의 마음을 전하고 싶다. 마지막으로, 글을 쓰는 동안 많은 기쁨을 주었던 사랑했던 나의 강아지, 복실이에게 고마웠다고 말하고 싶다.

제1장

번역과 페미니즘

채식주의자의 창조적 배신

누군가 내 인생을 바꿔 놓은 책이 있느냐고 묻는다면, 나는 주저하지 않고 한강의 『채식주의자』라고 답하겠다.* 그 소설은 문외한이던 나를 한국문학의 세계로 이끌고, 무엇보다 페미니즘을 일깨워준 '내 인생의 책'이다. 『채식주의자』는 연작소설로서 2004년, 2005년에 세 편의 분리된 중편소설, 〈채식주의자〉, 〈몽고반점〉, 〈나무 불꽃〉으로 문학 계간지에 처음 출판되고, 2007년 창작과비평사를 통해 단행본으로 다시 출판되었다. 여주인공인 채식주의자 영혜를 중심으로 각각 남편, 형부, 언니의 관점에서 이야기가 펼쳐지고, 여성과 자연을 연결하는 에코페미니즘의 문제를 다룬다. 자매인 영혜와 인혜는 이 소설의 중심축이고, 가부

* 나는 2021년 국제저명 학술지 *Journal of Gender Studies* 30권 8호에 〈Smith's Infidelity: *The Vegetarian* as Feminist Translation〉을 출판했고, 이 글은 그 논문을 쉽게 풀어 우리말로 다시 쓴 것이다.

장제 폭력의 희생양으로 그려진다. 둘 다 남편에게 부부 강간을 당한다. 흡사 『제인 에어』의 '다락방의 미친 여자'를 연상시키는 영혜가 가부장제에 저항하기 위해 채식주의자가 되고 결국 음식을 거부하며 죽어가는 비극적인 여성이라면, 한국에서 흔히 볼 수 있는 여자인 인혜는 남자의 욕망을 충족시키느라, 자신을 잃어버린 채 모든 책임을 떠안고 사는 순종적인 여성이다. 이 작품을 보면서 나 역시도 가부장제 사회에서 신음하며, 한때는 영혜로 한때는 인혜로 살았음을 깨닫게 되었다. 이 소설은 분명 영혜와 인혜 사이에서 허덕이며 살고 있을 수많은 한국 여성의 마음에 와닿을 것이다.

그럼에도 나는 2016년 맨부커 국제상을 받을 때까지 이 소설이 존재하는지도 몰랐다. 내가 이 작품을 만날 수 있었던 건 스미스의 *The Vegetarian*(2015)을 통해서다. 사실 수상을 한 작품은 한강의 『채식주의자』가 아니라, 그 소설을 스미스가 영어로 옮긴 *The Vegetarian*이 아닌가. 다시 말해, 맨부커상 심사위원들이 상을 주기 위해 책상 위에 올려놓고 심사한 작품은 한국어 원본이 아닌, 영어 번역인 것이다. 그들은 한국어를 모른다.

처음 스미스의 번역은 많은 환영과 찬사를 받았다. 그 번역을 통해 세계 무대에서 무명에 가까운 한국문학이 처음으로 명성 있는 국제 문학상을 받게 된 것이고, 전 세계에 한국문학의 존재가 알려졌기 때문이다. 수상 당시 많은 한국인이 한국문학의 이 전례 없는 성공에 들떠 있었던 모습이 나는 아직도 눈앞에 선하다. 번역본이 수상을 통해 전 세계적으로 인정받자, 한강의 소설은 새로운 언어, 문화 환경에서 새로운 생명과 독자를 얻었다. 더군다나 출판된 지 10년이 넘었음에도, 『채식주의자』는 국내에서 비평가와 대중의 뜨거운 관심을 받으면서 베스트셀러가 되었다. 수상 전에는 10여 년 동안 누적 판매 부수가 6만 부에 불과했던 『채식주의자』가 2016년 5월 수상 직후부터 판매량이 급증해 그해 12월 초까지 단 6개월 만에 60만 부가 더 판매되었다. 한강의 소설을 인정하는 이 새로운 국내외 관심의 중심에는 번역가 스미스가 있다.

불행히도 얼마 안 되어 스미스의 번역은 격렬한 오역 논쟁에 휩싸였고, 많은 학자가 번역의 질과 가치를 의심하기 시작했다. 오역을 일일이 지적하면서 원본을 왜곡하고 한국문학을 배신했다고 주장했다. 이들은 생략이나 추가와 같은 텍스트 변형을 강하게 비판했고, '충실성'이나 '정확성' 같은 용어가 그들 논문에서 중요하게 다루어졌다. 이러한 현상은 우리 사회에서 통용되는 번역 개념과 관련이 깊은데, 한국은 영미권에 비해 원본중심주의, 직역의 풍토가 강하기 때문이다. 특히 김번은 스미스의 번역을 "파국적," "어처구니없는," "성형 수술" 한 것 같다고 혹독하게 비난했다.[1] 김욱동(Wook-Dong Kim)도 "창조 행위"가 아니라, "배신 행위"로 규정짓고 평가절하했다.[2] 언론 역시 이들 학자들의 논문을 인용하며 오역 논쟁에 가세했다.

그러나 나는 생각이 다르다. 물론 스미스의 첫 번째 장편소설 번역인 만큼 오역이 많은 것은 사실이다. 그렇다고 해서 오역이 *The Vegetarian*의 전부를 말해주는 것은 아니다. 창조적이고 정치적인 글쓰기로서 스미스의 번역은 한강의 소설만큼이나 아니, 그 이상으로 페미니즘을 추구한다. 스미스는 한강의 페미니즘을 이어가면서도, 원본이 한국 사회의 가부장적인 모습을 드러낼 때는 개입한다. 스미스의 페미니즘은 등장인물 묘사에서 특히 잘 드러난다. 여주인공 영혜의 남편은 더 이기적이고 더 가부장적인 남편으로, 비디오 작품을 찍는 언니 인혜의 남편은 여성을 성적으로 착취하는 예술가로 그려진다. 인혜의 경우, 순종적인 여성의 특징을 삭제하여 더 주체적인 여성으로 묘사하고, 그 결과 두 자매의 연대는 강화된다. 그럼, 스미스가 어떻게 번역의 충실성 신화의 중심에 있는 억압적인 가부장제 논리에 저항하면서, 페미니즘을 실천하는지 살펴보자.

스미스의 창조적 배신

나는 번역이 창작처럼 상상력에 의해 이루어지는 글쓰기이고, 문학번역가들은 글을 쓰는 작가(writer)라고 생각한다. 박사 지도교수였던 번역학자 수잔 바스넷(Susan Bassnett)도 번역은 창조적 문학 활동이고, 번역가는 새로운 언어로 원본을 재창조하는 사람이라고 주장한다. 번역은 창작에 필요한 능력 못지않은 탁월한 문학적 재능이 요구되기 때문이다.[3] 번역을 단순히 기계적이 아닌 창조적인 글쓰기 과정으로 본다면, 번역과 창작 사이의 경계는 흐릿해진다. 스미스는 *The Vegetarian*에서 이러한 창조성, 즉 원본에 대한 일종의 창조적인 '배신'을 추구한다.

스미스는 훌륭한 한국문학 작품을 훌륭한 영문학 작품으로 창조해내는 것이 번역의 사명이라고 생각한다.[4] 이 말은 번역가에게 '문학적 자율성'을 허용하는 것이며, 번역가는 좋은 작품을 창조하기 위해 문학적, 미학적 목적을 자유롭게 추구할 수 있음을 의미한다. 그래서 스미스는 많은 비평가가 주장하는 전통적 번역 개념인 '직역'이나 단어나 문법에 대한 편협한 '충실성' 개념을 버리고, 번역에서 더 넓은 의미의 '충실성' 또는 '배신'을 꿈꾼다. 스미스는 다음과 같이 말한다.

> 번역에서 충실성은 낡고 호도하는 도움이 안 되는 개념이다. […] 궁극적으로 충실해야 할 대상은 원본의 예술성과 작품성이다. 만약 훌륭한 한국문학 작품을 번역한다면, 번역은 훌륭한 영문학 작품이 되어야 하고, 방해가 되기만 할 거라면 문법을 갖고 옥신각신할 필요가 없다. 단어 선택, 문법 등의 관점에서 원본에 가장 '충실한' 번역은 원본 독자의 경험, 그러니까 훌륭한 문학을 읽는 경험에 충분히 '충실'하지 않을 가능성이 매우 높다.[5]

스미스에게 번역은 단순히 언어만의 문제가 아니다. 문학 번역은 '문학적'이어야 하고, 번역가는 단순히 언어적 지식보다는 문학적 감수성을 갖추는 것이 중요하다. 기억해야 할 것은 스미스의 기계적 충실성에 대한 거부가 가부장제 가치의 비판과 맞닿아 있다는 사실이다. 그녀의 배신(infidelity)은 다른 의미의 충실성(fidelity), 즉 여성을 통제하기 위해 역사적으로 사용된 억압의 기제 '정절' 개념을 비판하는 것이다. 스미스의 번역에서 작동하고 있는 페미니즘은 충실성이라는 이름하에 여성을 통제하는 가부장제를 거부하는 것으로 이해할 수 있다. *The Vegetarian*에서 가부장제에 대한 스미스의 창조적인 배신이 분명하게 드러난다.

전통적으로 여성과 번역은 남성과 원본에 비해 의존적이고 열등하며 무가치한 것으로 여겨졌다. 번역은 종종 여러 담론에서 여성화되었는데, 자유로운 번역을 비판하기 위해 조르주 무냉이 처음 사용한 은유인 '부정한 미녀들(les belle infidle)'이 대표적이다. 우리는 충실하지 않은 번역을 보고 예쁘다고 말하지, 잘생겼다고 말하지 않는다. 일찍이 번역 담론과 젠더 사이에 이러한 은유적인 관련성을 주목한 로리 체임벌린(Lori Chamberlain)은 창작이 "독창적이고 남성적인" 것으로, 번역은 "파생적이고 여성적인" 것으로 간주됨을 간파했다.[6] 또 다른 페미니즘 번역학자 셰리 사이먼(Sherry Simon)도 "원본은 강하고 생산하는 남성, 반대로 번역은 나약하고 파생적인 여성으로 여겨졌다"라고 주장했다.[7] 여성과 번역은 남성과 원본에 '충실'해야 하며, 남성과 원본의 영역인 '생산'이라는 고양된 역할보다는 '재생산'이라는 열등한 역할에 매여 있었다.[8] 바바라 고다르(Barbara Godard)에 따르면, 이러한 전통적인 관점에서 번역가는 "한 언어의 단어를 다른 언어로 기계적으로 바꾸는 보이지 않는 손, 즉 '하인'으로 이해"되었다.[9]

그러나 페미니즘 번역은 여성과 번역에 대한 기존의 관점을 거부한다. 성차별주의와 여성 혐오에 저항하고 가부장적인 언어에 억눌린 여성의 목소리를 일깨운다. 동시에 번역을 원본의 '베껴 쓰기'나 기계적인 과정으로 보는 것을 거부한다. 그래서 페미니즘 번역가들은 충실성의 신화를 좇기 위해 기계적이거나 비굴한 방식으로 번역하지 않는다. 중요한 것은 페미니즘을 추구하는 번역가들이 번역에서 자신의 존재를 숨기지 않고, 원본에 자신이 무엇을 하는지 "과시"하고, 자신의 창조적인 역할을 긍정한다는 점이다. 고다르는 "페미니즘 번역가들은 자신의 차이와 끝없는 다시 읽기와 다시쓰기에 대한 기쁨을 인정하고 텍스트 조작의 표시를 과시한다"고 주장했다. 이것은 번역가와 여성에 대한 전통적인 이미지인 "겸손하고 자신을 지우는 번역가를 대체"하는 것이다.[10]

루이스 폰 플로토우(Luise von Flotow)는 페미니즘 번역가들의 세 가지 실천 방식을 주목한다. 보충(supplementing), 서문과 주석 달기(prefacing and footnoting), 하이재킹(hijacking)이 그것이다. '보충'은 출발어와 도착어 사이에서 발생하는 차이를 보충해 원본의 페미니즘을 상실하지 않고 번역에서 드러내는 것이다.[11] '서문과 주석 달기'는 원본을 논의하고 페미니즘을 설명하는 데 유용할 수 있다. '하이재킹'은 특별히 페미니즘 관점이 없는 원본을 페미니즘 목적을 가진 것으로 전유하는 것이다. 이를테면 번역가 드 로트비니에르-하워드(De Lotbiniere-Harwood)는 'men'과 같은 여성을 포괄하는 영어 남성 일반 명사를 사용하지 않고, 'women and men'이나 'her or his'처럼 여성을 앞에 위치시킨다.[12] 스미스의 *The Vegetarian*은 텍스트 선정부터 페미니즘 목적을 갖고 있으며, 한국 사회의 젠더 정치를 비판적으로 반영하는 소설을 주목하게 하고 널리 알린다. 그러나 그 번역은 스미스가 원본의 페미니즘을 살리면서도 한국 사회의 가부장적인 모습을 드러낼 때 원본에 개입하는 독특한 유형의 페미니즘 번역이라고 할 수 있다. 그러나 이 개입은 넓은 의미에서는 원본의 페미니즘을 강화하는 것으로 볼 수 있다.

2019년 1월 22일 나는 스미스를 한국외국어대학교에 초대해 특강을 개최하였다. "번역의 페미니즘 전선" 특강에서 스미스는 페미니즘 번역에 대한 자신의 사명을 일종의 선언문으로 발표했다. 페미니즘 번역가들은 문학 번역을 여성스러운 일이 아닌 여성해방을 위한 것으로 다가가야 하고, 충실하고 겸손하고 눈에 띄지 말아야 한다는 가부장적 강령을 거부해야 한다고 주장했다.[13] 번역이 가부장제와 서열에 저항하는 강력한 무기가 될 수 있다는 스미스의 신념은 *The Vegetarian*에 잘 드러난다.

따라서 스미스가 페미니즘에 관심이 있는 여성 작가를 선택했다는 것은 그리 놀라운 일이 아니다. 사실 한강은 『채식주의자』 이전에도 『내 여자의 열매』, 『그대의 차가운 손』과 같은 페미니즘 소설을 출판했고, 이 소설들도 "음식," "식물," "채식"과 같은 단어들이 자주 등장하며 여성과 자연을 연결하는 에코페미니즘을 강하게 보여준다.[14] 이러한 경향은 『채식주의자』에서 확장되고 극대화된다. 분명 주인공의 극단적인 채식은 한국 사회의 가부장제 억압에 대한 저항으로 볼 수 있다. 신수정이 말한 것처럼, 한강의 소설은 "여성 채식주의자를 통해 육식 문화로 대변되는 남성적 질서를 넘어서고자 하는 저항적 움직임"을 보여주기 때문이다.[15]

한강의 페미니즘은 나무가 되어 가부장제 억압에 저항하는 채식주의자 영혜의 욕망에서 가장 잘 드러난다.

두 남편과 두 자매

스미스는 자신의 번역 *The Vegetarian*을 젠더 정치의 관점에서 봐야 한다고 주장한다. 많은 한국 여성이 이상하거나 지나치다고 생각하지 않는 '부부 강간'이라는 만연된 구조적 폭력을 다루기 때문이다.[16] 비평가들은 다른 번역가들보다 좀 더 자유롭게 접근하는 스미스의 번역이 윤문에 관심이 있다고 생각하지만, 앞서 그의 페미니즘 번역 특강에서 볼 수 있듯이, 스미스의 번역은 정치적이고 권력에 저항하는 모습을 충분히 갖고 있다.

번역에서 스미스가 페미니즘을 실천하려는 의도는 작은 변형에서 시작된다. 젠더 고정관념을 깨기 위해 번역에서 성(性)을 고의적으로 바꾼다. 스미스는 의사와 간호사를 지칭할 때 각각 "she"와 "male nurse"를 사용한 반면, 한국어 원본은 그들이 여자인지 남자인지 성을 분명하게 명시하지 않는다. 또한 영혜가 "all the trees of the world are like brothers and sisters"라고 말할 때, 원본에 없는 "sisters"를 추가해 여성적 요소를 강조한 반면, 한국어 원본은 단순히 여성을 포괄하는 남성 일반 명사 "형제"라고만 되어 있다. 이렇게 여성 명사를 넣으면서, 채식주의자 여주인공이 가부장제 사회의 폭력성에 저항하기 위해 나무가 되고자 하는 소설 주제와도 더 잘 어울리게 된다. 그러나 주요 등장인물을 묘사하는 부분에서 스미스의 페미니즘이 잘 드러난다.

1부 〈채식주의자〉에서 스미스는 채식주의자 영혜와 남편 정서방을 둘러싼 한강의 페미니즘을 유지하고 강화한다. 영혜가 채식하자, 남편은 가부장적으로 반응한다. 아내의 감정에 무감각할 뿐만 아니라 부부 강간까지 저지르고, 결국 영혜가 아버지의 폭력으로 손목을 긋자 아예 버리기까지 한다. 오은영은 영혜의 남편이 지극히 평범한 남자로, "가부장제 문화에 깊이 침윤된 사람이며, 따라서 여성의 입장에서 생각하거나 상상하기 거의 불가능한 존재"라고 말한다.[17] 나 역시도 처음 읽었을 때, 남편이 너무나 평범해서 남성중심적이거나 이기적이라는 사실을 깨닫지 못했다. 그런 남자가 우리 사회 곳곳에 있으니 이상해 보일 리가 있는가. 한강은 남성중심적인 한국 사회를 정서방의 가부장적인 관점을 통해 보여준다. 한강은 그가 "신뢰할 수 없는" 1인칭 화자로서 아내의 갑작스러운 채식에 대해 "냉정하고 세속적인" 목소리로 자신의 내면을 드러낸다고 말한다.[18] 이 첫 번째 이야기는 남성중심적인 사고가 어떻게 여성을 억압하고 고통에 빠뜨리는지 잘 보여준다. 여성이 평범한 남자에게 우월감을 주는 수단으로서 어떻게 기능하는지를, 복종하지 않으면 어떻게 부정당하고 버려지는지를. 스미스는 한국 원작의 페미니즘을 드러내기 위해 이러한 가부장적인 순간들을 포착하고 강화한다.

가부장제 사회에서 남성의 사회적 정체성은 여성들을 제압하는 권력과 다른 남자들과 경쟁해서 얻어지는 권력에 의해 정의된다. 소설 속 남성중심적인 한국 사회에서 영혜의 남편은 다른 남자들과의 경쟁에서 자신이 없다. 그래서 어렸을 적엔 자기보다 어린 조무래기들을 거느리고 놀고, 어른이 되어서는 위협감을 느끼지 않고 편안하게 다닐 수 있는 평범한 대학과 직장을 선택했다. 게다가 그는 외모나 신체적 힘, 성적 능력에서 다른 남자들에게 열등감을 느낀다. 이런 의미에서 그는, 베트남 전쟁에서 복역하고 어린 영혜에게 폭력을 행사했던 가부장적인 장인과 비교해 볼 때, 힘세고 용감하며 남성미 강한 그런 전통적인 의미의 가부장적인 남자가 아니다. 그런 열등감 때문에 그에게는 아내를 지배하는 일이 훨씬 더 중요하다. 아내에 대한 우월감은 다른 남자들 사이에서 낮은 그의 지위를 보상해 주기 때문이다.

이런 이유로 남편이 영혜를 특별하지 않고 평범하며 그래서 자신보다 못한 존재로 여기는 부분이 소설 맨 처음에 등장하는 것은 그리 놀라운 일이 아니다. 그에게 "세상에서 가장 평범한 여자로 보이는 그와 결혼한 것은 자연스러운 선택이었다"(『채식주의자』 10쪽). 영혜의 외모, 걸음걸이, 옷, 성격에서 드러나는 평범함은 그에게 남성적 우월감을 준다.

> 아내가 채식을 시작하기 전까지 나는 그녀가 특별한 사람이라고 생각한 적이 없었다. 솔직히 말하자면, 아내를 처음 만났을 때 끌리지도 않았다. 크지도 작지도 않은 키, 길지도 짧지도 않은 단발머리, 각질이 일어난 노르스름한 피부, 외꺼풀 눈에 약간 튀어나온 광대뼈, 개성있어 보이는 것을 두려워하는 듯한 무채색의 옷차림. 가장 단순한 디자인의 검은 구

두를 신고 그녀는 내가 기다리는 테이블로 다가왔다. 빠르지도, 느리지도, 힘있지도, 가냘프지도 않은 걸음걸이로. (『채식주의자』 9쪽)

Before my wife turned vegetarian, I'd **always** thought of her as **completely** unremarkable in **every way**. To be frank, the first time I met her I wasn't even attracted to her. Middling height; bobbed hair neither long nor short; jaundiced, sickly-looking skin; somewhat prominent cheekbones; her timid, sallow aspect told me all I needed to know. As she came up to the table where I was waiting, I couldn't help but notice her shoes - the plainest black shoes **imaginable**. And that walk of hers - neither fast nor slow, striding nor mincing. (*The Vegetarian*,* p. 3, 인용자 강조)

스미스는 평범한 아내를 원하는 남편의 독백에 존재하는 가부장적인 모습에 주목하고 원본에 없는 "always," "completely," "in every way," "imaginable"과 같은 단어를 추가하여 여자 주인공의 평범함을 강조한다. 정과리는 이것이 원본을 왜곡한다고 주장했지만,[19] 이 추가는 스미스가 의도한 것으로 페미니즘 목적성을 띤다고 볼 수 있다.

영혜의 채식은 그것 자체로 페미니즘의 표현이므로, 남편 중심인 결

* 본 글에서는 포르트벨로 북스(Portbello Books)에서 출판된 스미스의 *The Vegetarian* (2015) 초판본을 인용한다. 오역 논쟁 이후 작가와 번역가는 합의하여 같은 출판사인 그란타 북스(Granta Books)를 통해 2018년 수정판을 냈다.

혼 생활을 위협한다. 이제 남편은 고기를 먹을 수 없고, 섹스도 할 수 없으며, 더 이상 순종적인 아내를 가질 수도 없다. 가장으로서의 권위도 무너진다. 당연히 남편은 이 전복적인 행위에 아내와 타협하지 않는다. 왜 채식하고 싶은지 묻지도 않고, 아내가 꿈 이야기를 하며 뭔가를 말하려고 해도 듣지 않는다. 대신 그는 영혜의 채식에 강하게 반대하고 부부 강간을 저지르며 가부장제 질서를 복원하려고 한다. 스미스는 장모에게 영혜의 채식을 고자질하는 정서방의 이기심을 강조하기 위해, 단어들을 추가한다.

> "글쎄, 아무리 제가 말려도 듣질 않습니다. 덕분에 저도 집에서 고기맛을 본 지 오래됐습니다." (『채식주의자』 35쪽)

> "Oh, I've told her, all right, but she still goes ahead and defies me. And what's more, she's **even imposed this ridiculous diet on me** - I can't remember the last time I tasted meat in this house." (*The Vegetarian*, p. 27, 인용자 강조)

예를 들어, "ridiculous"(터무니없는)는 영혜의 채식을 그가 얼마나 못마땅해하는지를, "even imposed … on me"(나에게 … 강요까지 하다니)는 우월한 남편과 열등한 아내 사이의 서열이 전복되자 그가 얼마나 충격을 받는지를 보여준다. 스미스가 이 단어들을 추가하면서 '번역된' 남편은 더 권위적이고 더 편협한 남성으로 그려진다.

스미스는 또한 영혜의 형부, 즉 인혜의 예술가 남편도 더 가부장적으로 묘사한다. 김번은 이를 두고 "인혜를 호의적으로 대하는 만큼 그의 남편을 그만큼 부정적으로" 그린다고 '비판'하지만,[20] 꽤 도발적인 페미니즘 번역으로 보인다. 예를 들어, 2부 〈몽고반점〉에서 스미스는 몽고반점이 있는 처제에 대한 예술가 형부의 성적 욕망을 원본보다 강조하고 비판적으로 그린다. 영혜는 자신의 몸에 꽃 그림을 그려주겠다는 형부의 제안을 받아들이고, 그들은 지하철역에서 만난다.

> 이마에서 흘러내리는 땀을 닦는 그녀의 얼굴을 오래, 햇빛이 고인 그 몸의 윤곽을 그는, 얼른 부르지 못하고 홀린 듯 지켜보았다. (『채식주의자』 100쪽)

> He stared at her face, which was shiny with sweat, and ran his eyes over the contours of her body. He stood there for a while without calling out to her, **wanting to keep her there in freeze-frame. Passers-by flicked uneasy glances** towards this man who looked possessed. (*The Vegetarian*, p. 82, 인용자 강조)

스미스는 위 볼드체 구문을 추가하며 형부가 공공장소에서 처제의 얼굴과 몸에 "홀린 듯" 뚫어지게 바라보는 모습을 공을 들여 상세하게 묘사한다. 그 결과, 번역이 원본보다 두 배가량 길다. 특히 주목할 점은 스미스가 "Passers-by flicked uneasy glances"를 추가하여, 지하철역을 지나가는 사람들이 이 형부를 불편한 시선으로 힐끗 쳐다보는 장면을 창조했다는 것이다. 이것은 바로 이어지는 형부의 대사 "옷을 벗어."(100쪽)와 어울리면서, 형부의 처제에 대한 뒤틀린 성적 욕망을 원본보다 더 비판적으로 명확하게 그려낸다. 여기서 결국 처제와 섹스를 하고 비디오를 찍는 형부의 예술의 진실을 예견할 수 있다.

스미스는 그 진실을 폭로하기 위해 형부의 비디오 작품을 묘사할 때, 원본의 "그로테스크"를 문자 그대로 "grotesque"가 아닌 "obscene"으로 변형한다.

> There was something **obscene** about the way her back was arched like a cat's, about the unpainted space around J's belly button, about his rigid penis. (*The Vegetarian*, p. 103, 인용자 강조)

김번이 말하듯, 그의 비디오 작품은 관습과 도덕의 경계를 뛰어넘는 예술이거나 또는 금지된 성적 욕망을 충족시키는 역겨운 작업으로 볼 수 있다. 김번은 비디오 영상을 묘사하는 작가의 "그로테스크"는 전자에 해당될 수 있지만, 번역가의 "obscene"(외설적)은 후자로 강등시켜 처제와의 비디오 작업이 지닌 의미를 왜곡할 수 있다고 말한다.[21] 그러나 이 왜곡은 페미니즘 의도를 갖고 있는데, 그 남성 예술가의 위선과 폭력을 들추

어내기 때문이다. 사실 그는 세 여성, 즉 처제, 아내, 전 여자친구를 성적으로 착취한다. 자신의 목적을 위해서라면, 즉 처제와 섹스하기 위해서라면 파렴치하고 인정사정이 없다. 그는 처제가 이혼당한 후 혼란스러운 시간을 보낼 때, 친한 척 다가가 그루밍하며 성적으로 착취하는가 하면, 처제에 대한 주체할 수 없는 욕정을 풀기 위해 아내를 강간하고, 처제와 섹스하기 위해 다른 남자와 결혼해 사는 전 여자친구를 한밤중에 갑자기 찾아가 자신의 나체에 그림을 그려 달라고 조른다. 스미스가 단어를 바꾸면서 그의 예술을 둘러싼 비밀이 드러나고, 그 뒤에 숨긴 폭력과 가차 없는 성적 욕망이 드러난다. 번역가의 페미니즘 읽기에서 보면, 그 남자 예술가의 비디오 작품은 외설이 맞고, 예술의 이름으로 정당화되지 않는다. 이처럼 스미스는 번역에서 여성에 대한 두 남편의 가부장적 태도와 아내에 대한 착취를 바탕으로 자신들의 욕망을 충족하려는 이기적인 행동을 강조한다.

그럼에도 페미니즘을 위한 노력이 가장 눈에 띄는 부분은 3부 〈나무 불꽃〉에서 인혜를 번역하는 방식이라 할 수 있다. 인혜는 원본에서보다 더 주체적인 여성으로 묘사된다. 극단적인 채식주의자 동생과 비교하면, 인혜는 상대적으로 보수적이고 많은 한국 여성이 동일시할 수 있는 평범한 한국 여성이다. 어떤 남성 비평가들은 가부장제 사회에서 회복 불가능할 정도로 짓이겨진 영혜를 뮤즈처럼 치켜세우지만, 인혜는 크게 주목하지 않는다. 그러나 인혜야말로 이 소설을 이끌고 나가는 가장 중요한 인물이다. 결국 진흙탕 같은 삶에서 살아남아 끝까지 도리를 다하는 여성은 인혜가 아닌가. 인혜는 두 남편과 다르게 자신의 의견과 욕망을 어떻게 표현해야 할지 모른다. 아니, 그것들이 존재하는지도 모른다. 순종적인 딸과 아내, 엄마로서 역할을 성실하게 수행하는 책임감 있는 사람이지만, 아버지와 남편의 욕망을 충족시키느라 고단한 삶 속에서 자신을 잃어버린 지 오래고, 그들의 학대를 간신히 견뎌 왔을 뿐이다. 심지어 동생과 남편의 정사를 발견하고도 마음을 정하지 못하고 계속 흔들린다. 남편과 거리를 두다가도 이해하려 하고, 가부장제의 폭력에 저항하다가도 이전처럼 순응하려 한다.

물론 작가는 인혜라는 인물을 보다 입체적으로 그리기 위한 의도였겠지만, 스미스는 페미니즘 관점에서 보면 답답하고 가부장적인 것처럼 느낄 수 있는 원본의 그 흔들리는 순간에 개입하고 축소, 생략한다. 예를 들어, 남편에 대한 인혜의 '연민'과 실패한 결혼에 대한 '자책'을 보여주는 아래의 열한 줄의 긴 문단이 생략된다.

> 그를 사랑한다는 확신이 그녀에게는 없었다. 그것을 부지중에 알면서 그녀는 그와 결혼했다. […] 함께 살던 팔 년 동안, 그가 그녀를 좌절시킨 만큼 그를 좌절시켰던 것은 아닐까. (『채식주의자』 193쪽)

페미니즘 관점에서 보면 이 문단은 불필요한데, 아내의 성적·경제적 착취에 기반을 둔 남편의 폭력을 정당화하고 무기력한 여성이 가부장제를 묵인하고 있음을 보여주기 때문이다. 그의 남편은 예술에 몰두하느라 일찌감치 남편과 아버지로서 책임을 버리고, 아내를 강간하며, 처제와 섹스하는 남자다. 스미스는 남자가 상처를 주는데도 이해하고 용서하고 자신을 희생해야 하는 여성의 전통적인 이미지를 거부한다. 그래서 번역에서 인혜는 가부장제 사회가 요구하는 의무, 즉 남편의 욕망을 이해하고 충족시키는 중요한 의무를 저버리는 여성으로 그린다.

번역가는 또한 인혜가 여동생과 남편의 정사를 발견한 직후, 남편을 마지막으로 회상하는 장면에서 인혜의 '여성적 나약함'을 묘사하는 다음의 문단을 생략한다.

> 마지막으로 보았던 그의 눈을 그녀는 또렷이 기억했다. 공포에 질린 그 얼굴은 낯선 것이었다. 그녀가 **그토록** 존경하려 애썼던 사람, 인내하고 보살피기 위해 **몸을 으스러뜨렸던** 사람의 얼굴이 아니었다. 그녀가 안다고 생각했던 그는 **한갓** 그림자에 불과했다. (『채식주의자』 194쪽, 인용자 강조)

물론 이 삭제가 한국어와 영어 글쓰기 사이의 차이를 타협하기 위한 것으로 이해될 수 있다. 안선재(Brother Anthony of Taiz)가 주장하듯, 한국어 글쓰기는 영어 글쓰기에 비해 감상적이거나 감정적이기 때문이다.[22] 그러나 이 생략은 페미니즘을 실천하기 위한 스미스의 개입으로도 볼 수 있다. 삭제된 부분에서 인혜는 남편이 자신의 낭만적 사랑을 배신해 슬퍼하는 감상적이고 무력한 여자로 묘사된다. 특히 "그토록," "몸을 으스러뜨렸던," "한갓"과 같은 표현은 인혜의 실망과 자기연민을 잘 표현한다. 그 과장된 감정은 이성이 마비되고 남편을 떠나겠다는 의지가 약한 모습을 보여준다. 인혜의 회상에서 나타나는 감정적 언어는, 스미스가 자신의 번역에서 추구하는 더 강하고 독립적인 여성으로서의 인혜와 대립한다. 게다가 이 감상적인 부분이 번역에서 생략되면서, 남편을 떠나겠다는 인혜의 단호한 의지는 그와 인연을 끊겠다는 바로 다음 문장, "'I don't know you,' she muttered"(p. 159)와 더 자연스럽고 매끄럽게 연결된다.

이러한 생략으로 스미스의 번역에서 영혜를 이해하는 인혜의 마음과 두 자매 사이의 연대가 상쇄된다. 인혜는 마침내 영혜의 극단적 채식의 의미, 즉 가부장제 사회에서 고통, 질식, 저항의 의미와 열여덟 살까지 아버지에게 맞고 자란 동생이 "왜 죽으면 안 되는 거야?"(191쪽)라고 말한 의미를 마침내 이해하게 된다. 인혜는 남편에게 수차례 강간당한 다음 날 아침 식사 자리에서, "무심코 젓가락으로 자신의 눈을 찌르고 싶어지거나 찻주전자의 끓는 물을 머리에 붓고 싶어지곤 했다는 것을"(199쪽) 기억한다. 남편과의 결혼 생활은 "기쁨과 자연스러움이 제거된 시간, 최선을 다한 인내와 배려만으로 이어진 시간"(196쪽)이었고 자신을 파괴하고 싶은 욕망에 종종 사로잡혔다. 영혜처럼 "그녀는 살아본 적이 없었다. 기억할 수 있는 오래전의 어린 시절부터, 다만 견뎌왔을 뿐이었다"(197쪽).

원본에서도 자매의 연대가 존재하지만, 인혜가 자책하고 남편을 이해하려는 과정에서 끊기고 느슨해지고 만다. 스미스는 이러한 생략을 통해 자매의 관계와 가부장제에 대한 그들의 저항을 강화한다. 또한 인혜가 동생의 퇴원을 바라지 않는 이유를 말하는 장면에서, 번역가는 추가를 통해 자매의 공동 운명을 강조한다.

> She'd been unable to forgive her for soaring alone over a boundary she herself could never bring herself to cross, unable to forgive that magnificent irresponsibility that had enabled Yeong-hye to shuck off social constraints and leave her behind, still a **prisoner. And before Yeong-hye had broken those bars, she'd never even known they were there.** (*The Vegetarian*, p. 143, 인용자 강조)

스미스는 인혜가 자신의 삶과 결혼이 감옥이었고 그동안 죄수로서 고통받았음을 깨닫는 과정에서 영혜의 역할을 강조하기 위해 "prisoner"(죄수)와 "And before Yeong-hye had broken those bars, she'd never even known they were there"(영혜가 그 쇠창살을 부수기 전에 그녀는 그것이 있는지도 몰랐다)를 추가한다. 결국 영혜는 인혜가 가부장제 결혼의 죄수로서 갇혀 있다는 것을 성찰하게 한 촉매제였다. 페미니즘 관점에서 보면, 영혜는 형부와 섹스해서 언니의 결혼을 깨뜨리는 가정파괴범이 아니라, 결혼이라는 감옥에서 언니가 해방될 수 있도록 도와주는 조력자였다. 또한 원본에서는 "진창"이라고 막연하게 묘사한 가부장적 현실을 번역에서는

"쇠창살"과 "죄수"라는 말로 감옥의 이미지를 구체화한다.

여기서 스미스는 인혜가 영혜에게 질투를 느끼는 부분, "사실은, 그 애를 은밀히 미워했다는 것을," "영혜를 가까이 둔다는 사실 자체가 불가능하게 느껴졌다는 것을"(173쪽)을 삭제한다. 요약해서 말하면, 원본에서 인혜가 두 가지 이유로, 즉 남편과 정사를 벌인 동생을 질투해서 그리고 가부장제 사회에 자신만 남기고 떠나는 동생의 무책임을 용서할 수 없어서 퇴원하지 않기를 바란다면, 번역본에서는 질투의 이유는 빼고 무책임의 이유만 강조한다. 그 결과 스미스의 번역에서 억압에 저항하는 자매의 연대는 더욱더 견고해진다. 따라서 원본이 남성중심주의 사회에서 신음하는 여성의 고통을 다루는 데 주력했다면, 번역본은 고통뿐만 아니라 여성의 주체성과 연대에도 집중한다. 이를 통해 스미스는 페미니즘 번역가로서 원본의 단어나 의미를 최대한 그대로 살려내야 한다는 전통적인 번역관을 거부하고, 충실성이라는 가부장제 신화에 맞서 원본과 번역본의 서열을 무너뜨린다.

많은 비평가들은 *The Vegetarian*을 오역이라고 지탄했지만, 나는 오히려 페미니즘 번역의 본보기로서 재평가받아야 한다고 생각한다. 스미스는 원본의 페미니즘을 이어받으면서도, 적절히 개입하면서 한국인 작가가 2000년대 중반에 재현한 한국의 다소 온건한 페미니즘을 수정했다. 그것은 번역가 개인의 선택이면서 동시에 한국보다 급진적인 영미권의 젠더 정치 및 페미니즘과 부합하기 위한 시도로도 이해할 수 있다. 뿐만 아니라 한국어 원본과 영어 번역의 출판의 시간 차가 10년이 넘고, 그 시차를 매개하기 위한 선택이기도 하다. 따라서 페미니즘 관점에서 보면, 다소 완곡하고 감상적으로 접근하는 한강의 원본에 비해, 스미스의 번역은 한국 사회 가부장제의 폭력을 날카롭게 고발하는 더 정치적인 텍스트라고 할 수 있다.

사람들은 종종 번역을 단순히 언어만의 문제로 생각하지만, 훨씬 더 복잡한 글쓰기이고, 인간의 모든 행위가 그렇듯이 권력이 작동하는 정치적 공간이다. 번역은 번역가의 정치적 성향이나 도착어권 문화의 이데올로기와 무관할 수 없으며, 스미스의 페미니즘 번역은 이러한 번역의 정치성을 잘 보여준다. '미투 운동'이 우리 사회에 중요한 화두인 현 상황에서, 페미니즘에 공헌하는 *The Vegetarian*의 등장은 특히 중요하고 시의적절하다고 할 수 있다. 영혜가 극단적인 채식을 통해서 가부장제에 저항하고자 했다면, 역시 채식주의자인 스미스도 자신의 창조적인 번역을 통해서 젠더 위계질서에 저항하고자 했다. 두 채식주의자는 남성은 우월하고 여성은 열등하다는 가부장제 이데올로기를 창조적으로 배신한다.

나는 비슷하면서도 다른 원본 『채식주의자』와 번역본 *The Vegetarian* 둘 다 페미니즘 관점에서 동등하게 의미 있는 작품이라고 생각한다. 특히 한강과 스미스가 그려내는 영혜와 인혜의 고통과 상처는 뇌리에서 쉽사리 잊히지 않는다. 그 자매는 가부장제 사회의 폭력 속에서 자주 목격되는 두 가지 유형, 정신이 짓이겨진 '다락방의 미친 여자'와 과도한 책임감에 짓눌려 괴로하는 '착한 여자'의 전형이다. 나는 그들이 한 남자의 사랑을 얻고자 갈등하는 것이 아니라, 남자의 욕망에서 해방되고 서로 이해하고 연대하는 모습이 좋았다. 예전에 캐나다에 사는 여성과 *The Vegetarian*에 대한 이야기를 나눈 적이 있다. 나는 외국인과 페미니즘, 가부장제, 영혜와 인혜에 대해 생각을 나누고 공감한다는 사실이 참 신기하고 감사했다. 이렇듯 한강의 『채식주의자』는 스미스의 번역을 통해 이 땅을 넘어서 전 세계의 수많은 영혜와 인혜의 마음을 울린다. 『채식주의자』와 *The Vegetarian*은 나에게 우리 사회에 엄연히 존재하는 가부장제의 쇠사슬을 처음으로 인식하게 해준 '내 인생의 책'으로 오래오래 기억될 것이다.

제2장

번역과 논쟁

순종인가 배신인가?『채식주의자』오역 논쟁

앞 장에서 언급했듯이, 2016년『채식주의자』의 영어 번역 *The Vegetarian*이 세계적으로 명성 있는 상을 받았을 때, 우리나라 사람들은 이 전례 없는 성공에 들떠 환호하였다.* 세계문학 무대에서 무명에 가까웠던 한국문학이 처음으로 국제상을 받으면서 세계의 인정을 받은 것이니 그럴 만도 했다. 사실 수상 전 한강의『채식주의자』는 국내에서 비평가와 대중에게 큰 주목을 받지 못했으나, 영어 번역의 글로벌 성공을 통해 첫 출판 이후 십 년이 지났음에도 많은 관심과 찬사를 받게 되었다. 그러나 처음에 쏟아졌던 환호와 찬사는 스미스 번역의 실패를 강조하는 학술계의 합의와 함께 사라지기 시작했다. 2016년 말에 시작하

* 나는 2023년 번역학 국제저명 학술지 *Target* 35권 2호에 Fidelity or Infidelity? The Mistranslation Controversy over *The Vegetarian*을 출판했고, 이 글은 그 논문을 우리말로 쉽게 풀어 다시 쓴 것이다.

여 김대중, 정과리, 조재룡, 김번, 이인규, 신혜정, 김욱동, 우경조와 같은 학자들이 일제히 *The Vegetarian*을 비판한 것이다. 언론은 이 학자들을 인용하며 원본과 번역의 차이를 앞다투어 선정적으로 다루었다. 학자와 언론은 스미스의 창조적인 접근방식을 비난하였고 오역을 일일이 지적하면서 원본을 왜곡하고 한국문학을 배신했다고 주장했다.* 스미스는 지속적인 오역 논쟁으로 힘들어했음을 토로했다. 실수를 나열하며 지적하는 많은 논문과 이메일을 받고 충격 속에서 공포에 떨어야 했다고 고백했다.[1] 스미스의 평판은 오랜 무명에서 한국문학을 구원한 영웅이냐, 한국문학을 배신한 반역자이냐 사이에서 아슬아슬한 줄타기를 하고 있었다.

논쟁이 격렬해지자, 쏟아지는 항의 이메일에 시달리던 영국인 번역가와 한국인 작가는 결국 영어 번역을 방어하기 위해 나섰다. 2018년 스미스는 《LA 리뷰 어브 북스》에서 자신은 한국어 원본을 배신하지 않았다며 번역을 옹호하고,[2] 동시에 한강은 언론과의 인터뷰에서 영어 번역의 실수는 소설을 이해하는 데 방해가 되지 않고, 영어 번역과 한국어 원본이 크게 다르지 않다고 선언한 것이다.[3] 작가와 번역가는 오역 논쟁

* 반대로 *The Vegetarian*은 영미권 언론에서 대체로 긍정적인 평가와 찬사를 받았다. 《가디언》 신문의 한 리뷰는 "영미권 독자의 식단에 추가된 상쾌하고 강렬한 감정을 불러일으키는, 시스템을 교란하는 소설"로 묘사한다(Hahn 2015). 《뉴욕 타임즈》도 스미스 번역을 칭송한다. "번역가의 손은 넘치지도 부족하지도 않았다. 유연하면서도 날카로운 문법과 단어는 기계적이지도 둔탁하지도 않다. 미흡한 번역이 '외국적인' 것을 번역할 때와 다르다" (Khakpour 2016).

을 잠재우기 위해 2018년 재판부터는 60여 부분을 수정해서 출간하기로 합의하였다.

나는 번역학자로서 이 현상을 지켜보면서 많은 생각을 하지 않을 수 없었다. 오역 논쟁은 정말 오역 때문에 발생하는 것일까. 그럼 왜 오역이 있는 다른 번역들은 조용히 지나가는 것일까. 어쩌면 스미스의 번역은 우리 사회에 널리 퍼져 있는 어떤 통념과 질서, 이데올로기를 거슬러 불안을 불러일으키는 것이 아닐까. 심지어 오역을 주장하는 어떤 논문들은 글의 특성상 객관적이어야 함에도 불구하고 혐오를 표출하는, 감정적이고 공격적인 표현들을 쏟아 내기도 했다. 도대체 오역 논쟁 뒤에는 무엇이 있는 걸까. 이러한 질문들에서 나의 글이 시작되었다.

나는 『채식주의자』 오역 논쟁의 핵심이 원본과 번역 사이 서열의 문제로 인식하는 이형진 교수의[4] 주장에서 단서를 찾기 시작했다. 다만 그의 글은 근본적으로 유용하고 중요한 관점을 제공하지만, 스미스의 실제 오역들을 분석하고 있지 않으며 '젠더'와 같은, 논란의 더 중요한 정치적 맥락을 다루지 않았다. 사실 정과리, 김번, 우경조와 같은 학자들의 *The Vegetarian* 비판을 들여다보면, 오역 논쟁이 젠더나 가부장제 관점과 무관하지 않다는 것을 알 수 있다. 이러한 경향은 내가 앞 장에서 주장한 것처럼, *The Vegetarian*을 페미니즘 번역으로 볼 수 있다는 사실과 관련이 있다. 스미스는 한국 저자의 페미니즘을 살리고 강화하면서도 원본이 한국 사회의 가부장적인 모습을 드러낼 때에는 개입한다.

사실 한강의 『채식주의자』 오역 논쟁은 인도 시인 타고르가 자신이 직접 번역한 『기탄잘리(*Gitanjali*)』를 둘러싼 논쟁을 연상시킨다. 타고르는 이 시로 1913년 아시아 최초 노벨 문학상을 수상한 저자가 되었다. 그러나 그의 영어 번역은 영미권 세계의 취향에 맞추느라 벵골어 원본에서 멀어졌다는 비판을 받았다.[5] 비판의 중심에는 번역을 통해 드러난 영미권 헤게모니에 대한 불편함이나 민족주의가 있다고 할 수 있다. 스미스와 타고르의 영어 번역은 두 아시아 국가, 한국과 인도에 처음으로 명성 있는 국제상을 안겨줬지만, 그 두 번역가들은 번역들이 원본에서 멀어졌다는 이유로 비판을 받았다. 따라서 나는 소위 '오역 논쟁'이라고 하는 것의 이면에는 언어의 정확성을 넘어서 더 큰 정치적 컨텍스트가 있다고 생각한다.

먼저 나는 *The Vegetarian*을 둘러싼 이 뜨거운 논란이 사실은 오역 자체보다는 한국에서 통용되는 번역의 개념 및 위상과 관련이 있음을 주목하고자 한다. 조재룡, 김번, 김욱동 교수의 세 논문들을 살펴보고, 오역 논쟁이 어떻게 한국의 직역에 사로잡혀 있는지 보여줄 것이다. 이 남성 비평가들은 모두 번역을 엄격한 언어적 충실성과 정확성을 요구하는 것으로 이해하였다. 그들은 번역을 해석과 변형(생략이나 추가)으로 보는 것을 거부하며, 기본 단어와 문화 관련 단어의 '정확한' 번역을 강조한다. 핵심은 스미스 번역에 대한 비평가의 비판이 단순히 언어의 문제가 아니라 '정치적'이라는 점이다. 이러한 정치적 특징은 다층적인데, 원본과 번역 사이, 영어와 한국어 사이의 서열에 관한 것이고, 나아가 젠더와 깊은 관련이 있다. 비평가들의 충실성과 직역 담론에는 가부장적인 불안이 드리워져 있고, 스미스 번역을 비판한다는 것은 번역과 번역가를 뚜렷하게 여성적인 것으로 주변화하는 것으로 볼 수 있다.

번역 비평, 민족문학, *The Vegetarian* 논쟁 속 충실성의 문제

*The Vegetarian*에 대한 한국의 '번역 비평' 유형은 번역학자 앙트완 베르만(Antoine Berman)이 말하는 "본질적으로 부정적인 방향"이라고 할 수 있다.[6] 번역이 성공적일 때에도 집착하듯이 흠집을 찾아내려고 하는 이러한 비평 뒤에는 번역은 근본적으로 결함이 있고 원본에 비해 열등하다고 믿는 태도가 깔려 있다. 학자나 비평가는 차이를 찾아내기 위해 원본과 번역을 기계적으로 비교하고, 번역 평가에서 충실성의 이름으로 원본을 절대적인 기준으로 삼는다. 그러나 새로운 모델들이 대안을 제시한다. 예를 들어 베르만은 긍정적이고 생산적인 비평을[7] 제안하는데, 번역이 어떤 중요한 특징을 갖는지, 번역이 왜 어떤 문화적 컨텍스트에서 발생했는지, 번역가는 어떤 입장이었는지 철저히 분석하여 번역의 진실을 드러내는 비평이다.[8] 이처럼 번역 비평의 목적을 재설정하는 것이 매우 중요한 이유는, 랜스 휴슨(Lance Hewson)이 주장하듯이 번역 비평은 번역가의 선택이 어떤 영향을 주는지 평가해 새로운 번역을 준비시키기 때문이다.[9] 따라서 *The Vegetarian* 번역 비평의 더 나은 모델을 만드는 것이 필요하고, 현재 비평 방식의 한계를 이해하는 것이 그 시작일 것이다.

기억해야 할 것은 베누티의 말처럼, 번역 비평은 오랫동안 문화 권력, 민족주의, 제국주의와 모종의 관계를 맺어왔다는 점이다. 예를 들어 독일 철학자 슐라이어마허는 독일의 언어, 문학, 문화를 풍요롭게 해서 민족주의를 고취하기 위한 중요한 방식으로서 이국화 번역을 옹호하였다.[10] 그 철학자는 프랑스의 문화 헤게모니에 도전하기 위해, 이국화 번역의 특징들과 자신이 비판하는 프랑스 번역가들의 자국화 번역 방식을 나란히 놓고 비교한다.[11] 이러한 의미에서 슐라이어마허의 프랑스 번역 비평은 '민족주의' 동기를 갖고 있다고 할 수 있다. 같은 맥락에서 독일 비평가 슐레겔도 프랑스의 지배적인 자국화 번역을 비판한다.[12] 한편, 영국의 경우 민족주의 관점은 그 유명한 호메로스 번역 논쟁에서 드러난다. 문학 비평가 매슈 아놀드(Matthew Arnold)는 프란시스 뉴만(Francis Newman)의 『일리아드(*The Iliad*)』(1856) 의고체 번역을 비판하였는데, 베누티에 따르면 그의 비판은 엘리트적이고 민족주의적인 영국 문화 개념에 영향을 받은 것으로, 외국을 향한 영국중심적인 고정관념과 인종차별이 깔려 있다.[13] 아놀드는 뉴만의 번역 방식을 영문학, 나아가 영국의 자국 문화에 해로운 현대적인 현상의 일부로 보았던 것이다.[14] 이러한 점에서 아놀드의 뉴만 번역 비평은 분명 자국 문학을 보호하기 위한 차원이었다. 그 결과 바른 번역은 중요한 민족적 관심으로 떠오르고, 번역 비평가는 올바른 번역 심판관 역할을 하게 된다.

한국의 *The Vegetarian* 번역 비판도 (비록 아웃바운드 번역으로 번역의 방향이 다르지만), 자국 문학인 한국문학을 보호하기 위한 것처럼 보인다. 이 글에서 살펴보는 조재룡, 김번, 김욱동 비평가는 스미스 번역이 한국어 원본을 배신했다며 오역을 지적하면서 공격하기 때문이다. 그 비판에서 분명히 드러나는 것은 그들이 충실성과 정확성을 지향하고 번역 실수 찾기에 집중한다는 사실이다. 이것은 모두 직역이 이상적이라는 믿음의 전형적인 특징인데, 스미스가 인정하지 않는 '단어 충실성'을 옹호하는 태도가 한국의 *The Vegetarian* 비평에 지배적이다.*

그러나 번역 비평에서 기억해야 할 것은 번역이 근본적으로 '해석적'이라는 사실이다. 번역가는 번역하기 위해서 먼저 읽고 이해하고 해석해야 하며, 그것은 번역 방식에 영향을 끼친다. 하나의 텍스트는 저자의 의도를 넘어 한 가지 최종적인 해석이 있는 것이 아니고, 독자에 따라 다양한 해석이 가능한 만큼, 다양한 번역가에 의해 다양한 해석이 나올 수 있다. 프랑스 철학자 롤랑 바르트(Roland Barthes)는 텍스트를, "단 하나의 '신적인' 의미(저자-신의 '메시지')를 풀어내는 단어들이 아니라, 그 어느 것도 오리지널하지 않은 다양한 글들이 뒤섞이고 충돌하는 다차원적인 공간"이라고 주장한 바 있다.[15] 그러므로 한강 소설에 단 하나의 최종적인 해석도 번역도 존재할 수 없다. 해석은 독자에 따라 시대에 따라 달라질 수 있기 때문이다.

* 스미스는 직역이나 단어나 문법에 대한 충실성, 즉 비평가들이 지지하는 전통적인 번역 개념을 인정하지 않는다. 그래서 논쟁이 발생했을 때 스미스는 《LA 리뷰 어브 북스》에서 비평가들의 주장에 반박하고, 번역가에 따라 충실성의 정의는 달라질 수 있는 만큼, 한강의 소설을 양적으로는 아니더라도 질적으로 비슷하게 받아들여지도록 충분히 충실하게 번역했다고 주장한다. 스미스는 번역 실수를 인정하면서도 차이는 배신이 아니라며, 한국어 원본을 배신하지 않았다고 주장한다.

그럼에도 *The Vegetarian* 비평가들은 그 근본적인 번역의 '해석적' 특성을 인정하지 않고, 스미스 번역에 원본의 왜곡이라는 프레임을 씌우는 것처럼 보인다. 이 논리는 오직 한 가지 해석만이 가능하다는 것인데, 흥미로운 사실은 비평가들이 스미스 번역가의 해석은 저자 한강의 의도와 구분하면서도, 자신의 해석은 저자의 의도라고 생각한다는 점이다. 그래서 다양한 번역가들이 다양하게 해석할 수 있다는 사실을 간과한다. 단 하나의 신적인 해석 또는 한 가지 목소리만이 가능하다는 신념이 *The Vegetarian* 비평에 팽배하다. 조재룡은 스미스 번역을 "창작적 재능"에서 나온 "주관과 감정"으로 덧씌워졌다고 질책한다. 스미스의 번역을 원문을 정확히 반영한다는 정은진의 프랑스어 번역과 비교하면서, 스미스의 창조성은 부정하지만 정은진의 정확성은 인정한다.[16] 그는 해석 개념을 거부하는데, 번역가 스미스의 주관에 따라, 원문의 길이가 조절되거나, 그 사이, 무엇인가 첨가되거나, 단문이 복문으로 변화를 꾀한다고 비난한다.[17]

예를 들어, 조재룡은 남편 화자가 아내 영혜의 채식에 반응할 때, 한강의 단문 "무엇인가 조치를 취해야 했다"의 간결하고 단호한 표현이 스미스의 복문 "I didn't know what I could do, exactly, but I knew that I had to do something"의 망설이는 표현으로 바뀐다고 비판한다.[18]

> 번역은 원문의 단호함을 한없이 풀어헤친다. 긴장이 주저와 망설임으로 바꿔어버린다. '무엇을 정확히 해야 할지 나는 몰랐지만, 무엇인가 해

야 한다는 사실을 알고는 있었다'라고 우리가 옮겨볼, 이 영어 번역은, 그러니까 빗대자면, 조세희의 특수한 단문을 김승옥의 복문으로 옮긴 것과 같은 효과를 불러일으킨다. **단호하고 폭력적이며 단순한 남편은 이렇게 번역가의 손을 거쳐 차츰 우유부단하고 고민에 휩싸인 남편이 된다.**[19](인용자 강조)

조재룡은 한국어 원본이 간결함과 단호함을 통해 남편의 '남성성'을 효과적으로 강력하게 표현해 낸다면, 영어 번역은 스미스의 해석이 개입되어 그렇지 못하다고 주장한다.[20] 그러나 그는 특정 텍스트를 인용하며 특정한 해석을 하고 있는데도 자신의 해석 행위는 숨기는 한편, 원본의 다른 맥락은 무시한다. 예를 들어 한국어 원본에서 남편은 아내의 극단적인 채식을 직접 해결하지 않고 처가 식구들에게 도움을 구한다. "내 손으로 뭔가를 할 수 있는 단계가 아니었다"(34쪽)고 생각한다. 이 문장 바로 다음에도 남편이 아내의 채식을 단도직입적으로 말하지 못하고 망설이는 대목이 나온다. "나는 거실을 서성거리다가" 처가에 마침내 전화를 걸고 안부를 묻는 대답에 "망설이다가 말했다. '저는 괜찮습니다. 그런데 집사람이……'"(34-35쪽). 이 말줄임표에서도 남편이 얼마나 주저하는지 잘 알 수 있다. 과연 남편은 조재룡의 해석처럼 단호한 사람인 걸까. 원본에 대한 조재룡의 해석도 반박할 여지가 있다는 사실은 한 가지 중요한 사실을 입증한다. 즉 '진정한' 번역이라고 주장하는 것도 다른 해석들에 의해 무효화될 수 있다는 점이다.

김번도 비슷한 견해를 말하는데, 주요 등장인물에 대한 스미스의 해석을 "편견"이라고 주장한다.[21] 스미스가 여성 등장인물은 "호의적으로," 남성 등장인물은 "부정적으로" 잘못 묘사한다고 비판한다.[22] 원본에서 드러나는 상당한 정도의 "상호 이해와 공감"에 바탕을 둔 예술가 형부와 처제 사이의 관계는 번역에서 "형부가 영혜를 조종하거나 이용할 수 있는 일방적인 관계로 변질"되고, 그의 비디오 작품은 예술적인 의미를 상실하여, "성애물의 천박한 차원으로 추락"할 수 있다고 김번은 주장한다.[23] 예를 들어 그는 한강 작가가 비디오 작품을 묘사하는 장면에서 "그로테스크"로 음차해서 썼는데도, 스미스가 "grotesque"가 아닌, "obscene"을 의도적으로, 그의 말을 빌리자면 "무슨 청개구리 심보인지" 사용한 것을 지적한다.[24] 그는 톰슨의 『그로테스크』(1986)를 인용하면서, 예술가가 "관습과 도덕의 경계를 훌쩍 넘어" 예술의 세계로 들어가기 때문에 "grotesque"가 올바른 단어 선택이라고 주장한다.[25] 김번은 이 오역을 "원작 왜곡의 한 정점"이라고 부르며,[26] 예술가 형부가 자기파멸을 감수하고 얻으려 했던 예술혼에 "외설"이라는 "빨간 딱지"를 갖다 붙였다고 스미스를 검열관으로 몰아세우는 것처럼 보인다.[27]

자신의 논문에서 한강 소설에 대해 여섯 명의 한국문학 학자들의 서로 다른 관점을 소개하는 것을 보면, 분명 김번은 텍스트는 여러 각도에서 해석될 수 있음을 알고 있는 것처럼 보인다. 그러나 번역가 스미스의 페미니즘 해석만큼은 편견으로 치부하고 제외시킨다. 그는 번역가도 텍스트를 읽는 독자이고 비평가라는 사실을 인정하지 않는다. 페미니즘 관점에서 보면 스미스가 'grotesque'보다 'obscene'을 선택한 것이 정당화될 수 있는데, 내가 앞 장에서 주장하듯이 그 남성 예술가의 위선이나 폭력을 적나라하게 드러내기 때문이다. 그는 예술의 이름으로 처제의 알몸에 그림을 그리고 영상을 찍고, 아내를 속여가면서 주도적으로 처제와 섹스를 하는 인물이다. 나는 스미스의 페미니즘 해석이 예술가의 욕망을 오판한다는 김번의 주장에도, 그 예술가가 바람을 피우고 아내와 처제를 착취한다는 사실만으로 스미스의 페미니즘 해석과 단어 선택이 가능하다고 생각한다. 그러므로 스미스의 읽기는 잘못된 것이 아니고 김번의 해석만큼이나 정당화될 수 있다. 중요한 사실은 이러한 직역 옹호가 남성 예술가의 자율성 및 특권에 대한 가부장적 옹호와 겹쳐진다는 것이다. 형부의 예술은 페미니즘 관점에서 보면 여성 착취와 무관하지 않다.

또한 이 한국 비평가들은 스미스의 생략이나 추가를, 원본을 배신하게 만들기 때문에 문제적이고 불필요한 것으로 보았다. 그들은 마치 원본의 모든 것이 번역에 '그대로' 옮겨져야 하고 또 그럴 수 있다고 믿는 것처럼 보인다. 그러나 번역은 프랑스 철학자 자크 데리다(Jacques Derrida)가 주장하듯이, 이동이 아니라 "변형"이다. "차이는 절대로 순수하지 않으며 번역도 순수하지 않고, 번역의 개념은 기의의 이동이 아니라, 변형의 개념으로 대체되어야 한다"고 그는 말한다.[28] 번역가가 의도하든 의도하지 않든, 어떤 것은 축소되고 억압되고 생략되고 과장되고 강조되거나 추가될 것이다. 이 '변형'의 개념은 문학을 하나의 언어/문화 컨텍스트에서 다른 컨텍스트로 옮길 때 발생할 수밖에 없는 변화를 적절히 포착하고 있으며, 스미스 번역에서 나타나는 중요한 변형을 정당화한다.

김욱동은 위 데리다의 번역 개념과 다른 관점을 갖고 있고, 스미스의 번역에서 구, 문장, 문단이 종종 생략되었음을 비판한다.[29] 예를 들어, 스미스가 원본에서 사람들이 채식하는 이유 중의 하나인, "건강하게 오래 살 생각으로"(21쪽)를 삭제했다고 말하며, 그 생략된 단어들이 왜 중요한지는 말하지 않으면서 소설의 주제 측면에서 중요하다고 주장한다.[30] 그는 또한 스미스가 두 한국어 단어 "요기"와 "회식"의 뜻을 잘 몰라서 생략한 것이고 그래서 원본에 충실하지 않다고 말한다.[31] 그러나 그는 여기서 요기와 요의를 혼동하여 사용한다. 한강 작가는 소변을 보고 싶은 욕구인 "요의"(13쪽)라는 말을 사용했기 때문이다. 채식을 선택하는 이유 하나가 빠지든 빠지지 않든, 남편이 동료와 회식을 하든 하지 않든, 남편이 요의를 느끼고 갈증을 느껴서 깨어난 것이든, 아니면 갈증만 느껴서 깨어난 것이든, 원본의 작품 전체를 훼손할 만큼 잘못 재현한 것은 아니지 않은가. 그러나 이러한 주장은 그 사소하고 지엽적인 차이를 마치 소설에서 매우 중요한 의미 변화인 것처럼 주장하는데, 그 위태로운 지점에서 얼마나 강력하게 정확한 단어 대 단어 번역을 믿고 있는지 쉽사리 짐작할 수 있다.

이렇게 직역을 고수하는 태도는 김번의 글에서도 나타나며, 그는 스미스가 자의적으로 생략을 했다며 비판한다.[32] 예를 들어 남편과 여동생의 정사를 발견한 이후 인혜가 자신의 실패한 결혼을 회상하는 장면,

"그를 사랑한다는 확신이 그녀에게는 없었다. 그것을 부지중에 알면서 그녀는 그와 결혼했다 […] 함께 살았던 팔년 동안, 그가 그녀를 좌절시킨 만큼 그녀 역시 그를 좌절시켰던 것은 아닐까."(193쪽)를 스미스가 번역에서 생략했음을 김번은 언급한다. 그는 생략된 문장들이 "인혜의 심원한 자기 성찰"로서 소설에 중요하기 때문에 번역에서 생략되지 말았어야 했다고 주장한다.[33] 그에 따르면, 인혜는 자신이 남편과 동생이 벌인 정사의 "해괴한 사건의 피해자"나 "성실의 화신"이 아니라, 그들을 절망하게 만든 장본인이라는 성찰을 한 것이다.[34] 중요한 것은 이 비판이 앞에서 언급한 스미스의 페미니즘 해석을 인정하지 않는 사실과 연결된다는 점이다. 김번이 인혜의 "심원한 자기 성찰"이라고 부르는 위 생략된 문단은 가부장제 프레임을 반영한다. 그 문단은 남편에 대한 연민과 결혼생활에 대한 자책, 즉 가부장제 사회가 여성에게 요구하는 의무를 보여주고, 아내의 착취에 기반한 예술가 남편의 폭력을 정당화하기 때문이다. 그러나 내가 앞 장에서 주장하듯이, 스미스가 이 문단을 생략하면서, 인혜는 가부장제 사회가 강요하는, 남자에게 맞춰주고 받아주는 여성성이라는 중요한 의무를 저버리게 된다. 이러한 점에서 이 비평가의 직역 옹호는 수동성, 용서, 자책과 같은, 가부장제에서 요구하는 여성의 전통적인 역할의 옹호와 겹친다. 따라서 이러한 스미스 번역 비판에서 젠더의 측면이 있음을 부인할 수 없다. 예술가 남편의 성적 착취를 감싸면서, 여성적 나약함의 진실을 간파하는 스미스의 페미니즘 번역을 비난하는 것처럼 보이기 때문이다.

김욱동은 추가와 같은 변형도 거부하는데, 그는 독자에게 심각한 문제를 야기한다며 스미스가 번역에서 정보를 추가한 사실을 비판한다.[35] 그가 든 예는 원본의 "5월의 신부"를 설명하기 위해 스미스가 번역에서 다음과 같은 역사적 배경을 제공한 부분이다. "After Gwangju, your art was so *engagé*, almost as though you were atoning for surviving the May massacre"(p. 109). 그는 이 추가된 부분이 불필요하고 장황한 설명이라고 주장한다.[36] 그러나 영어 독자들이 소설을 이해하는 데 도움이 된다. 마찬가지로 그는 스미스가 "종군위안부"(40쪽)를 설명하기 위해 "the Japanese soldier demanding her services"를 추가한 것을, 전적으로 스미스 자신의 글로서 한강이 쓴 게 아니라면서, 일본인에 대한 부정적 문화관점을 추가했다고 주장한다.[37] 이 추가는 영혜가 남편에게 부부 강간을 당할 때 느끼는 감정을 위안부의 역사적 상황과 연결시키고, 이것은 이미 원본에 내포되어 있다. 분명 한국 문화와 역사를 알리고 영어권 독자들이 이해하는 데 도움이 되지만, 김욱동은 단지 그것은 한강 저자가 '단어'로 쓰지 않았다는 이유로 저자의 의도와 상관이 없고, 그래서 잘못된 것이라고 주장한다. 이것은 그의 주장이 얼마나 '단어' 충실성에 몰두해 있는지를 잘 보여준다.

이들 비평가들이 개별 단어들에 집착하는 것도 직역 옹호의 또 다른 증거처럼 보인다. 그들은 스미스가 기본 단어를 오역한 것이 '근본적인' 실수라고, '많은' 지면을 할애하며 공격한다. 특히 김욱동의 논문은 주로 번역가의 단어 오역 실수를 다루는데, 〈단어 실수〉, 〈동음이의어 실수〉,

〈문법 수준에서 생겨난 실수〉, 〈문화 특수성을 가진 단어와 구〉와 같이 그의 논문 섹션 제목을 보면 쉽게 알 수 있다. 이 비평가들은 번역의 질을 열어놓고 평가하기보다는 번역가의 '언어 능력'에 초점이 맞춰져 있고 번역가의 문학적 역량에는 무관심한 것처럼 보인다. 그들은 실제로 스미스의 부족한 한국어 실력을 비난한다. 이를테면, 조재룡은 한국어 문법책과 사전의 필요성을 주장한다.[38] 김욱동은 스미스가 "발"과 "팔"을 혼동했다고, "샛길"을 "the branch road"가 아닌 "the main road"로, "체모"를 "pubic hair"가 아닌 "body hair"로 번역했다고 지적한다.[39] 그는 "초록빛" 번역에서 스미스의 "green light"를 동음이의어 실수로 본다.[40] "빛"은 "햇빛"과 "색깔"이라는 두 가지 뜻이 있는데, 여기서는 "색깔"을 의미하므로, "green color"가 올바른 번역이라는 것이다. 조재룡도 스미스의 기본 단어 오역을 비판한다.[41] 예를 들어 "수저"를 번역한 "spoon and chopsticks"는 잘못된 번역이라는 것이다. 그는 수저가 숟가락과 젓가락 둘 다를 의미하거나, 숟가락만 의미하는데, 여기서는 숟가락이 맞다고 말한다. 왜냐하면 사람들은 종종 숟가락과 젓가락을 동시에 들지 않기 때문이라는 것이다.

그러나 차스 연(Chrase Yun)이 지적하듯이, 그러한 오역은 대개는 사소한 것이며, 대부분의 영어 독자들은 의식하지 못하고 그저 조용히 지나갈 것이다.[42] *The Vegetarian*이 스미스의 첫 번째 장편소설 번역인 만큼 실수가 많은 것은 사실이지만, 그 실수는 맥락상 충분히 문제가 없으며, 문학 생산물로서 번역의 전체적인 성공과는 별로 상관이 없다. 스미스는 번역을 문학으로 보고 문학성을 추구하여 작품의 완성도를 높이는 것이 단어에 대한 충실성보다 훨씬 더 중요하다고 생각하였다. 이러한 미학적 효과는 제3장에서 상세히 살펴보겠지만 서정적이고 시적인 언어, 이미저리와 은유를 사용하면서 성취된다.

비평가들은 스미스가 번역에서 선택한 단어의 정확성을 모니터할 때, 특히 원본의 '문화' 관련 단어의 정확한 번역에 관심을 기울인다. 그들은 해석보다는 까다로운 디테일을 중시하면서, 번역가는 단어를 음차하고 백과사전처럼 긴 주석을 달아야 한다고 생각한다. 김욱동에 따르면, 스미스가 "한정식"을 번역한 "Korean-Chinese restaurant"은 오역이다.[43] 중국 음식을 판매하지 않는, 순전히 전통적인 스타일의 한국 식당이기 때문이다. 또한 스미스가 미숫가루를 번역한 "miso powder"도 오역인데, 일본의 발효된 콩가루를 가리키기 때문이다. 반면 "미숫가루"는 여러 곡물가루로 만든 한국의 에너지 드링크이다.[44] 김욱동은 스미스가 "닭도리탕"을 번역한 "a thick chicken and duck soup with large chunks of potato, and a spicy broth full of tender clams and mussels"를 비판한다. 걸쭉한 차우더와 수프가 다르므로, "spicy chicken chowder"나 "*dakdori-tang*"으로 음차할 것을 주장한다.[45] 조재룡도 음차를 선호한다. 스미스가 "탕평채"를 번역한 "an exquisite dish of mung-bean jelly"는 명백히 오역이고 음차되어야 한다고 주장한다. "표고버섯"을 번역한 "mushrooms"도 오역이라고 주장하는데, 표고버섯은 특정한 종류의 버섯이라면, 스미스는 일반적인 버섯 총칭으로 번역했기 때문이다.[46] 그러나 이 소설이 요리책도 아닌데, 버섯이 표고버섯인지 아닌지가 작품에 큰 영향을 끼칠까. 오히려 맥락이나 작품에서 중요하지도 않은 버섯 '종류'를 밝히느라 영어권 독자의 읽기 흐름을 깨뜨리는 것이 아닐까. 조재룡은 스미스가 정은진의 프랑스 번역처럼 있는 그대로 번역해야 하고, 정보를 주기 위해 주석을 달아야 한다고 주장한다.[47] 이러한 사실에서 비평가들이 추구하는 정확성은 개별적인 단어 선택 수준의 번역 평판에 집중하고 있음을 알 수 있다.

이처럼 위 한국 비평가들은 충실성의 신화를 좇느라 번역 과정에서, 작품이라는 숲을 보기보다는 단어라는 나무를 보며, 번역가의 중요한 역할을 인정하지 않는다. 주목해야 할 것은 그들이 충실성과 직역을 강조하는 것이 한국의 특정한 문화적, 정치적 상황과 무관하지 않다는 점이다. 『채식주의자』 오역 논쟁은 그 상황과 분리될 수 없다.

오역 논쟁 이면의 정치적 불안과 젠더

위 논의에서 알 수 있듯이, 스미스의 번역이 실수가 많은 것은 사실이다. 그러나 나는 이 오역 논쟁이 단지 오역이나 언어 문제에 관한 것이 아니라, 훨씬 더 복잡하고 근본적인 것이 그 이면에 있다고 생각한다.

먼저 『채식주의자』 오역 논쟁은 한국의 번역 개념과 지위, 원본과 번역 사이의 서열과 관련이 깊다. 직역은 한국에 널리 퍼져 있는 번역 방식이고, '충실성'(단어에 대한)이나 '정확성' 같은 용어가 문학 번역 이론과 실제에서 자주 등장한다. 많은 한국시를 영어로 옮긴 안선재는 한국에서 단어 대 단어 번역이 얼마나 지배적인가를 지적한다.[48] 이희재 번역가도 한국 역사에서 원본에 충실하려는 강한 직역 전통이 있음을 주목하고, 한국에서 직역을 폭넓게 채택하고 있는 상황은 우리나라가 1945년 미국의 개입으로 일본에서 해방된 이후 생겨난 '영어 숭상'과 분리될 수 없다고 말한다.[49] 독립 이후 서구 문화가 도입되고 영향력이 커지자, 원본은 성스러운 숭상의 대상으로 서구 문화와 동일시된 것이다. 비슷한 맥락에서 이형진도 서구 문학 텍스트가 완벽한 정전으로 여겨졌다고 주장한다.[50] 그 결과 한국에서는 성스러운 원본을 향한 존경심이 영미권보다 훨씬 더 강해졌다. 반면 영미권은 상대적으로 점점 더 번역 작품을 창작처럼 독립적으로 보려는 움직임이 있다.

따라서 번역을 평가하는 방식이 서로 다르다. 2017년 맨부커 국제상 심사위원이었던 다니엘 한(Daniel Hahn) 번역가는 맨부커 국제상을 비롯한 많은 번역상에는 작품을 평가할 때 원본을 참조하지 않는다고 말한다.[51] 다시 말해 심사위원들은 번역도 하나의 독립된 작품으로 여기고 작품의 질을 평가한다는 것이다. 반대로 한국의 심사위원들은 '충실성'과 '가독성'에 따라 번역을 원본과 비교한다. 한국문학 번역을 지원하는 대산문화재단과 한국문학번역원에서도 이 두 가지 기준을 사용한다. 그러나 현실은 충실성이 가독성보다 더 중요한 것처럼 보인다. 이형진은 한국이 미국에 비해 충실성에 집착하고 있음을 지적한다.[52] 이러한 점에서 *The Vegetarian* 오역 논쟁은 영미권과 한국의 서로 다른 번역의 개념, 실제, 평가 방식의 충돌이라 할 수 있다. 즉, 맨부커 국제상이 표상하는 '문학적(literary)' 모델과 한국의 학계와 문화재단이 옹호하는 '문자적(literal)' 모델의 충돌이다. 이러한 한국의 기계적이고 엄격한 번역의 개념은 역사적으로 번역과 원본 사이의 서열 관계가 중요하다는 것을 의미한다. 다시 말해 번역은 결함이 있고 의존적이고 무가치하고 원본에 비해 열등해서 지위가 낮지만, 원본은 완벽하고 독립적이고 가치가 있고 우월하며 신성하게까지 여긴다. 그러나 스미스의 번역이 국제상을 받으면서 기존의 원본과 번역 사이의 서열이 전복되었고, 그 결과 비평가들의 불안과 비판을 불러일으킨 것이다.

The Vegetarian 논란은 또 다른 중요한 서열, 지배 언어 영어와 소수 언어 한국어 사이의 서열과 관련이 있고, 이것은 각각 '핵심' 언어와 '주변' 언어로서 드러나는 문화 권력의 측면에서 이해될 수 있다. 한강의 한국어 소설과 스미스의 영어 번역 사이의 관계는 '세계문학'의 관점에서 볼 수 있는데, 데이빗 댐로쉬(David Damrosch)는 텍스트가 번역의 형태로든 원본의 언어로든 기원의 문화를 뛰어넘어 순환되는 순간, 세계문학이 된다고 주장하고,[53] 파스칼 카사노바(Pascal Casanova)는 세계문학은 거의 동시에 생산되는 번역을 통해 순환한다는 사실을 강조한다.[54] 중요한 것은 세계문학 공간이 평화로운 영역이 아니라 문학 자본을 얻기 위한 끝없는 투쟁과 경쟁의 역사가 있는 불평등한 국제적인 장이라는 사실이다.[55] 그리고 세계문학 공간에서는 소외된 언어와 문학이 지배 언어와 문학의 폭력에 영향을 받으므로, 한국문학은 문학 자본이 결핍되어

세계문학 공간의 서열에 영향을 받게 된다. 그러나 소수 언어를 쓰는 작가들은 번역을 통해 비평계의 찬사 또는 카사노바가 말하는 "신성화," 즉 문학화를 획득할 수 있고, 번역 작품은 "문학세계에서 특정 유형의 신성화의 가장 중요한 예시"이다.[56] 다시 말해, 지배 언어로 번역하면 신성화할 수 있는데, 소수 언어 작가에게 문학적 가시성과 존재에 대한 접근을 허용하고 "문학 지위 증명서"를 얻게 해 주기 때문이다.[57] 문학상은 주변 텍스트와 지배 텍스트를 신성화하는 또 다른 중요한 메커니즘이고, 문학 신성화의 가장 중요한 증거는 노벨 문학상이다.[58] 타고르의 『기탄잘리』 번역처럼, 맨부커 국제상을 받은 스미스의 번역 *The Vegetarian*은 주변 텍스트가 번역과 수상을 통해 인정받고 신성화된 좋은 예시라고 할 수 있다.

조재룡과 김욱동이 스미스의 문화 관련 단어 오역을 비판하는 지점에서, 세계문자 공화국에서 발생하는 한국어와 영어 사이의 이러한 문학적 불평등에 대한 불안이 드러난다. 조재룡은 스미스가 한국 문화를 이해하지 못해서 타자의 특수한 언어적, 문화적 특징이 무시되었다고 주장하고,[59] 김욱동은 스미스가 풍부하고 심오한 한국 문화를 전달하는 데 실패했음을 한탄한다.[60] 무엇보다도 음식 문화와 식사 방식은 민족적 특수성과 진정성을 재현하는 역할을 한다. 따라서 스미스가 한국 음식을 잘못 재현한 것은 원본의 한국 민족적 특성을 배신했다는 증거가 된다. 비평가들이 '한국적 특성'을 강조하는 것이나, 음식과 식사 장소에 대한 전문적 세부사항을 정확하게 사용할 것을 주장하는 것은 '민족적 자질'을 확립하는 방식이고, 동시에 스미스의 번역을 진짜가 아닌 가짜로 무효화한다.

스미스 번역에 대한 한국 비평가들의 불만은 한국어와 영어 사이의 문학적 불평등 그 자체 이외에도 그 번역의 문학적 인정과 신성화에 반대하는 반응이기도 하다. 이러한 관점에서 보면, 원본 국가를 벗어난 스미스의 영어 번역 *The Vegetarian*이 이 세계문학 공간에서 상을 받으며 거둔 성공은 (그 결과 원본을 종속적인 자리에 위치시키면서) 한국의 민족적 자부심을 훼손한다. '번역은 무엇으로 승리하는가'라는 제목에서 알 수 있듯이, 조재룡의 비판은 상을 받은 스미스 번역의 신성화에 대한 이러한 불편함을 드러내는 것처럼 보인다. 그는 한국 문화의 흔적을 지우는 번역은 "'수상'으로, 아니 '수상 콤플렉스'로 승리한다"는 아이러니한 사실을 꼬집으면서, 영어 번역의 승리를 둘러싼 상황을 "역겨운" 것으로 보았다.[61] 그는 국제 문학 경쟁의 불합리성을 지적하고, 그런 대회에서 이기는 것에 집착하고, 경험 없는 번역가에게 과도한 관심을 갖는 상황을 꾸짖는다. 비평가들에게 스미스의 영어 번역은 한국작품의 왕관을 빼앗은 '찬탈자'이고, 오역 논쟁은 세계문학 시장의 논리에 맞서 한국의 언어, 문학, 기관이 마땅히 누려야 하는 '권력'을 스미스 번역이 찬탈한 것에 대한 불안의 표현이 아닐까. 그러므로 그 불안은 두 가지 층위, 즉 '우월한' 번역과 '영어' 번역에 대한 것이다. 스미스의 영어 번역은 원본과 한국문학의 권위를 위협하고, 이형진이 지적하듯이, 오역 논쟁은 영어 번역의 강력한 영향력을 제지하는 역할을 한다.[62]

The Vegetarian 비판에는 또 다른 중요한 정치적 문제가 있다. 바로 젠더이다. 특히 김번의 비평이 여성 번역가의 번역을 향한 가부장적인 불안을 가장 많이 드러내는 것처럼 보인다. 체임벌린의 논문 〈젠더와 번역의 메타포 연구〉(1988)는 번역과 젠더 담론 사이의 은유적 연결에, 특히 여성과 번역이 둘 다 평가절하되는 그 유사성을 추적한다. 체임벌린은 창작은 독창적이고 '남성적'으로, 번역은 파생적이고 '여성적'으로 간주됨을 주목한다.[63] 사이먼도 긍정을 하든 부정을 하든, "번역의 여성성은 역사적으로 끊임없이 반복되는 은유"임을 강조한다.[64] 이처럼 번역은 번역 담론에서 종종 여성화된다. 가장 잘 알려져 있는 예가 프랑스의 '부정한 미녀들'인데, 아름답지만 충실하지 않은 번역을 가리키는 표현이다. 여자처럼 번역은 이분법적으로 아름답거나 충실할 수 있지만, 동시에 아름답고 충실할 수 없다는 것이다. 여성과 번역은 남성과 원본의 영역인 '생산'이라는 가치 있는 역할보다는, '재생산'이라는 열등한 역할에 묶여 남자와 원본에 충실해야 한다. 체임벌린에 따르면, "차이"는 남성/원본과 여성/번역 사이의 서열을 유지시키고, 충실성의 개념은 그 서열을 유지하기 위해 여성과 번역을 통제하기 위해 사용된다.[65] 따라서 번역이 그것 자체로 창조적이거나 생산적인 행위라는 사실을 인정하면, 그것은 젠더 정치의 관점에서 주장하는 것이 된다. 체임벌린은 다음과 같이 말한다.

번역이 그렇게 과도하게 많은 코드가 있고 그렇게 과도하게 규제되는

> 이유는 권력 유지에 필수적인, 생산과 재생산 사이의 그 차이를 지우려고 위협하기 때문이다. 간단히 말해 번역은 원본으로 가장할 수 있고, 그 결과 시스템을 교란할 수 있다.[66]

그러므로 *The Vegetarian* 오역 논쟁은 서열 전복에 대한 불안과, 생산과 재생산 사이를 통제하지 못한 실패에 대한 불안을 반영하는 것이다. 여성과 번역에 대한 두 가지 층위의 불안이 상을 받은 스미스의 번역에 동시에 발생한다. 그 여성적 번역은 강력한 남성 원본으로 가장하여 기존의 권력 시스템을 교란하고, 한강의 원본은 체임벌린이 말하는 "남근, 부성, 권위, 독창성의 표시"[67]를 상실할 위험에 처한다.

체임벌린이 말하는 번역에 대한 일반적인 젠더 불안은 여성 번역가 스미스가 추구한 '페미니즘' 번역에 대한 불안에 의해 증폭된다. 1장에서 주장한 것처럼, *The Vegetarian*은 가부장적인 충실성 신화에 저항하는 페미니즘 번역의 훌륭한 예이다. 사이먼은 전통적으로 원본은 강력한 생산하는 남성이고, 번역은 더 약하고 파생적인 여성으로 여겨졌다고 말한다.[68] 그러나 페미니즘 번역은 여성과 번역을 파생적이고 의존적이고 남성과 원본에 비해 열등하다고 보는 전통적인 관점을 거부한다. 페미니즘 번역가들은 번역에서 자신의 존재를 숨기지도 노예처럼 충실성의 신화를 좇지도 않는다. 스미스는 *The Vegetarian*에서 페미니즘 관점으로 한강의 소설을 번역하는데, 한국어 원본의 페미니즘을 살리고 강화한다. 나는 앞 장에서 이러한 특징은 텍스트 선정이나, 원본이 가부장제 관점을 드러낼 때 스미스가 개입하여 수정한 사실에서 알 수 있다고 주장했다. 사실 페미니즘은 영혜가 '다락방의 미친 여자'로서 가부장제 사회에서 고통받는다는 점에서 이미 한국어 원본에 존재한다. 영혜의 극단적인 채식은 그러한 사회의 폭력에 대한 저항으로 볼 수 있다. 신수정은『채식주의자』가 "여성 채식주의자를 통해 육식 문화로 대변되는 남성적 질서를 넘어서고자 하는 저항적 움직임"을 보여준다고 주장한다.[69] 스미스는 이러한 젠더 불평등과 그로 인해 야기되는 여자 주인공을 둘러싼 한국 사회의 폭력을 드러내고 강화한다. 앞 장에서 살펴 봤듯이, 스미스 번역의 독특한 점은 페미니즘 '개입'인데, 여성 등장인물의 주체성과 남성 등장인물의 성적 위선에 집중하기 위해 좀 더 가부장적인 원본으로부터 등장인물의 성격을 살짝 변형시킨다는 것이다. 이러한 페미니즘적 읽기는 김번이 스미스의 해석과 생략을 가부장적인 관점에서 비판하는 부분에서도 드러난다. 그는 스미스가 인혜를 호의적으로, 예술가 남편을 부정적으로 해석한다고 주장한다.[70]

논쟁을 둘러싼 이 다층적인 불안은 *The Vegetarian* 비평의 도덕적 질책에서 '은유'를 통해 드러난다. 조재룡은 번역의 주제넘음을 이카루스의 어리석음으로 이렇게 비유한다. "번역은 어딘가를 향해 상승을 도모한다. 번역이 저 높은 곳으로 날려 할 때, 원문은 땅에 제 발을 굳건히 붙들고 서서 가만히 올려다본다."[71] 영어 번역이 하늘의 권력과 명성을 주장하는 반면, 한국어 원본은 땅의 소박함과 진정성을 갖고 있다. 그러나 김번의 비판이야말로 오역 논쟁의 젠더 불안을 더욱 확연히 드러낸다.

그는 스미스의 번역을 두고 "파국적," "어처구니없는," "성형 수술"로 묘사한다.[72] "성형 수술"은 특히 흥미롭다. 김번은 다음과 같이 말한다.

> **번역이 원작을 성형 수술한 것 같다는 느낌을 떨칠 수가 없다.** 그래서인지 수술로 만들어진 인혜의 쌍꺼풀눈이 생래의 자연스런 것으로 바뀐 대목이 자꾸 눈에 밟힌다. "내가 믿는 건 내 가슴뿐이야. 난 내 젖가슴이 좋아. 젖가슴으론 아무것도 죽일 수 없으니까"(43)라고 했던 영혜처럼 **역자는 가슴으로 원작을 순하게 따를 수 없었을까?**[73] (인용자 강조)

성형 수술이 번역의 부정적인 '젠더 은유'로 사용되는데, 여성적인 허영에서 나온 일종의 가짜 아름다움을 내포하기 때문이다. 따라서 김번은 번역가 스미스의 창조성을, 순수한 원본을 불완전한 번역으로 탈바꿈시키는 부자연스러운 성형의 과정과 동일시하는 것처럼 보인다. 한국에서 성형 수술 산업이 아무리 번창해도 여전히 자연스러운 아름다움이 인위적인 아름다움보다 훨씬 더 중요하다. 여기서 그는 또 다른 젠더 은유를 사용한다. 스미스의 성형 수술 번역에 대안을 제시하는데, 번역을 여성의 "가슴으로 원작을 순하게", 마치 여성이 순종하는 것처럼 따르는 것으로 비유한다. 이렇게 그는 또 한 번 번역을 여성의 모습으로 비유한다.

또 다른 강력한 젠더 은유로 '배신'이 있다. 김번은 스미스의 번역이 원작은 물론 영어권 독자도 "배반"했다고,[74] 김욱동은 창조 행위가 아니라 "배신" 행위라고, 그래서 꽤 결함이 많고 서투르다고 묘사한다.[75] 배신과 관련된 이러한 말들은 격한 감정을 불러일으킨다. 그들에게 스미스의 번역은 배신인 것이다. 그러나 그 배신은 번역에서 기대되는 편협하고 경직된 '충실성'을 의식적으로 거부하고, 이들 비평가들의 남성적 원본 해석에서 드러나는 가부장적인 젠더 규범에 저항하는 배신인 것이다.

내가 생각하는 *The Vegetarian* 오역 논쟁의 본질은 바로 이것이다. 누가 그 소설에 주어진 권력과 영예를 차지할 자격이 있는가. 저자인가 번역가인가, 한국어인가 영어인가, 남성인가 여성인가. 아마도 이 오역 논쟁의 격렬함은 맨부커 국제상이 2016년 처음으로 저자와 번역가의 공을 동등하게 인정하고 동등한 상금을 수여했다는 사실에서 이미 잉태되었다고 볼 수 있다. 설상가상으로 수상의 영예는 점점 더 영국의 젊은 여성 번역가에게 기울었다. 따라서 한국 남성 비평가들의 직역 옹호와 *The Vegetarian* 비판은 정치적 불안을 드러낸다고 볼 수 있다. '우월한' 번역, '영어' 번역, 여성 번역가의 '여성적'이고 '페미니즘' 번역에 대한 불안이 그것이다.

이 뜨거운 논란은 가부장적인 우리 사회에서 여성과 번역이 충실성의 통제를 벗어나 창조적이고 성공적일 때, 그 불안이 얼마나 극에 달할 수 있는지를 잘 보여준다. 젠더는 오역 논쟁과 스미스의 번역을 이해하는 데 핵심적이다. 충실성과 직역 담론에는 가부장적인 불안이 드리워져 있기 때문이다. 여성 번역가가 한국어 원본의 페미니즘을 강화하고 다시쓰기 할 때, 그 불안은 배가 된다. 그리고 나는 이것을 일종의 도발적인 '배신'이라고 생각한다. 창조적인 페미니즘 번역을 통해 직역이라는 과잉 단순화를 위반하는 배신인 것이다. 또한 *The Vegetarian* 오역 논쟁은 2017년 이후 본격화된, 엄격한 젠더 역할과 여성의 성적 착취에 저항하는 한국의 미투 운동의 성장과 확장을 두려워하고 거부하는 반응으로 볼 수 있을 것이다.

한강과 스미스는 오역 이슈를 잠재우기 위해 수정판까지 냈지만, 오역 논쟁은 쉽사리 가라앉지 않았다. 2023년 8월 나는 스미스의 *The Vegetarian*을 페미니즘 번역이라고 주장한 〈채식주의자의 창조적 배신〉을 다른 학자들의 글과 함께 『K 문학의 탄생』(2023)의 한 챕터로 출간하려고 하였다. 그러나 한강 작가가 본문 인용을 허락하지 않으면서 내 글만 출판에서 제외되었다.[76] 그 결과 원작가가 직접 오역 논쟁에 개입하여 번역 비판에 동참한 형국이 되었다.

제3장

번역과 창작

『채식주의자』와 『소년이 온다』 번역은 어떻게 '문학'이 되었는가

앞에서는 젠더의 관점에서 스미스의 번역과 오역 논쟁에 주목을 했다면, 이 장에서는 스미스 번역의 문학성과 창조성을 다룬다.* 나는 스미스가 『채식주의자』와 『소년이 온다』를 영어로 번역한 *The Vegetarian*과 *Human Acts*가 단순히 원본에 종속되는 좁은 의미로서의 번역이 아니라, 원본의 문학성을 살리면서도 새로운 독자와 소통하는 독립적인 '문학 작품,' 즉 창조적인 번역임을 주장한다. 따라서 나는 이 글에서 스미스가 한국어 실력이 미흡하여 실수한 오역이 아니라,** 원본의 문학성이나 작품성을 잘 살리기 위해 의식적으로 선택한, 원본과 '다른' 번역에

* 나는 2024년 『외국문학연구』 94호에 〈번역에서 문학으로 - 데보라 스미스의 『채식주의자』와 『소년이 온다』 영어번역을 중심으로〉를 출판했고, 이 글은 그 논문을 쉽게 풀어 다시 쓴 것이다.

** 전작 *The Vegetarian*과 다르게, 스미스의 *Human Acts*는 번역 실수가 거의 없다.

초점을 맞추고자 한다. 그 '다름'을 창조적인 것으로 이해한다.

스미스는 단어 대 단어 충실성이나 정확성을 추구하기보다는 원본의 작품성을 살려 영어로 훌륭한 소설을 쓰고자 하였다. 한강의 두 소설 모두 폭력, 고통과 윤리의 문제를 다루고 있는데 그 주제를 잘 살리려고 노력했다. 먼저 스미스는 새로운 독자를 위해 한국 문화와 영미권 문화 사이의 차이를 매개하려고 노력하였다. 주지하다시피, 두 문화 사이의 차이는 매우 크다 할 수 있으며, 지난 10여 년간 국제무대에서 한국 문화의 위상이 높아진 것은 사실이나, 스미스의 두 번역이 출간되던 당시 2015년과 2016년에는 한국 문화가 상대적으로 잘 알려져 있지 않았기 때문에 번역가는 영미권 독자에게 작품을 잘 이해시키기 위해서라도 타협은 필수적이었을 것이다. 나아가, 스미스는 영어 글쓰기와 한국어 글쓰기 사이의 차이를 매개하였다. 두 언어는 서로 다른 알파벳을 사용하고 시스템이 다를 뿐만 아니라, 글 쓰는 방식도 다르다. 따라서 좋은 글쓰기의 기준도 다르다. 스미스는 한발 더 나아가 글쓰기의 '스타일'에 주목하고 미학적으로 즐거운 번역을 하고자 하였다. 시적이고 서정적인 문체, 이미저리(imagery)와 은유와 같은 문학 기법을 사용해서 언어의 묘사력과 표현력을 극대화하였다. 그리하여 스미스의 번역은 한국어 원본이 자극하는 번역가의 상상력을 담아내어, 원본의 잠재적 문학성을 살리고 그 감동을 전하는 영어 문학 텍스트라 할 수 있다.

창조적인 번역가 파운드와 스미스

앞장에서 얘기했듯이, 문학 번역은 창조적인 글쓰기에 요구되는 상상력에 의해 추동되며, 번역가는 창조적인 작가로 보아야 한다. 바스넷은 번역이 "창조적인 문학 활동"이며, 번역가는 새로운 언어로 텍스트를 만드는 "재창조자"와 다르지 않음을 주장한다.[1] 다시 말해, 바스넷에게 번역은 "원작과 똑같이 특별한 시를 짓기 위해 번역가가 사용하는 창의성이라는 용액을 원본과 혼합"한 것이고,[2] "원본을 생산하기 위해 요구되는 능력보다 조금도 열등하지 않은, 비범한 문학적 능력을 필요로" 한다.[3] 이러한 관점에서 번역은 기계적인 것이 아니라 창조적인 글쓰기로 볼 수 있으며, 번역과 창작 사이의 경계선은 흐릿해진다. 앙드레 르페브르(André Lefevere) 역시 문학 번역의 문학성을 간접적으로 설파하였다. 번역을 "다시쓰기"(rewriting)로 정의하고 도착어권의 "이데올로기" 뿐만 아니라 "시작법(poetics)"에 영향을 받는다고 주장하였다.[4] 당시의 시작법에 영향을 받는다는 것은 당대에 문학을 문학으로 인정할 수 있게 하는 텍스트의 조건과 기준을 번역이 따르려 한다는 것이고, 시를 시로, 소설을 소설로, 작품을 작품으로, 창조적으로 번역하려는 글쓰기임을 의미하는 것이다. 영국의 18세기 시인 알렉산더 포프(Alexander Pope)가 호메로스의 서사시를 영어로 번역할 때, 원본의 6보격(hexametre)을 따르기보다는 당대 영국에 유행하던 영웅시격(heroic couplet)을 사용하여 널리 사랑받았다는 사실에서도 확인된다.

이러한 문학 번역의 개념은 미국의 20세기 모더니즘 시인 에즈라 파운드(Ezra Pound)의 번역에서 잘 드러나는데, 그의 번역들은 원본의 단어에 충실하지 않은 것으로, 즉 창조적인 글쓰기로 잘 알려져 있다. 그는 시인으로 유명하지만, 번역은 그의 문학 활동에 빼놓을 수 없는 중요한 부분을 차지하였다. 일생 동안 그리스어, 라틴어, 이탈리아어, 프랑스어와 같은 아홉 개의 유럽 언어 작품과 중국어, 힌두어와 같은 비유럽 언어 시를 번역하였다. 그는 문학이 발전하는 데 번역이 중요한 역할을 하고 있음을 인정하고, 영어로 쓴 글 중 많은 훌륭한 작품이 번역이지만 문학사는 항상 번역을 무시한다고 주장한다.[5] 파운드에게 창작 작품과 번역 작품 사이의 구분은 존재하지 않고,[6] 번역은 본질적으로 다른 시적인 작업과 다르지 않다.[7] 그래서 그는 자신의 번역시를 창작시와 구분하지 않고 『시집(*The Cantos*)』에 함께 포함하였다. 파운드는 직역을 무의미한 것으로 일축하였는데, "원본에서 자연스럽게 들리고 흐르는 표현들을 문자 그대로 번역할 필요성을 못 느낀다"고 말한다.[8]

파운드는 심지어 원본 언어를 잘 알지 못해도 번역이 가능하다고 믿었고, 완벽하게 알아야 한다고도 생각하지 않았다. 그래서 고대 그리스어 원본이 아닌 르네상스 시대의 라틴어 번역을 이용하여 호메로스의 『오디세이아』의 일부를 번역하였고, 그의 『중국(*Cathay*)』(1915) 번역은 주로 역사학자 어니스트 페넬로사(Ernest Fenollosa)의 주석을 보고 번역한 것이다. 스티븐 야오(Stephen Yao)가 주장하듯이, 파운드는 자신이 원본 언어를 제대로 알지 못하는 것이 번역에 방해되는 것이 아니라, 오히려 실제로는 도움이 된다고 생각했다.[9] 번역이라는 작업은 "자신의 영어의 표현적 잠재성에 대한 그의 의식"에 긍정적인 공헌을 하였고, 『중국』은 "그것 자체로 영시" 모음집으로 읽어야 한다.[10] 파운드는 원본 언어를 잘 모르고 부정확한 번역 때문에 학자들 사이에서 비판받기도 했지만, 전반적으로 영미권 독자들과 소통하는 데 성공하였다.

바스넷이 주장하듯이, 「국경 수비대의 슬픔」("Lament of the Frontier Guard")을 포함한 그의 시집은 "전쟁의 잔인함과 불합리에 저항하는 슬픔으로 읽히는 작품으로서 변형되었고," 그가 "고대 중국 텍스트에서 재창조한 절망, 슬픔, 상실의 이미지가 제1차 세계대전 전쟁터의 공포로부터 끔찍한 충격을 받았던 독자들의 심금을 울렸던 것이다."[11] 게다가 파운드는 "스타일에 대한 관심 때문에 그리고 영어권 독자를 위해 미학적으로 즐거운 번역을 하고자 하는 희망 때문에 그렇게 번역하였고 성공하였다."[12] 비록 당시 스미스의 다소 부족한 한국어 실력이 『채식주의자』 오역 논쟁을 일으키는 데 영향을 끼쳤지만, 파운드의 경우처럼 큰 장애물이 아니었다. 한강도 언론과의 인터뷰에서 스미스의 오역이 결정적 장애물이 아니며 자신의 작품을 훼손하지 않았다고 주장한다.[13] 오히려 어떤 면에서는 번역이 창조적인 영어 텍스트 자체로서 읽힐 수 있도록 하는 데 도움이 되었을 수도 있다. 원본에 대한 단어 대 단어 충실성에 크게 얽매이지 않고 언어의 정확성이나 문법 문제에 집착하지 않아서, '문학성'을 더 자유롭게 추구하는 것이 가능했을 수 있기 때문이다.

따라서 스미스는 시를 시로 번역하는, 문학을 문학으로 번역하는 파운드의 계보를 잇는다고 볼 수 있다. 그의 번역관과 비슷하게 문학 번역이 지향해야 할 방향은 창작처럼 새롭고 살아 있으며 스타일이 돋보이는, 도착어로 훌륭한 문학 작품이 되는 것이기 때문이다. 제1장에서 살펴본 것처럼, 그녀에게 훌륭한 한국문학 작품을 영어로 번역하는 것은 "훌륭한 영문학 작품"을 창조하는 것이고[14] 그것은 번역가의 '문학적 자율성'을 허용하는 것이다. 그녀는 직역을 경계하고, 단어 충실성을 비판하고 더 넓은 의미의 충실성을 추구한다.

> 번역에서 '충실성'이란 것은 낡고 호도하는, 도움이 되지 않는 개념이다. [⋯] 궁극적으로 충실해야 할 대상은 원본의 예술성과 작품성이다. 만약 훌륭한 한국문학 작품을 번역한다면, 번역은 훌륭한 영문학 작품이 되어야 하고, 방해가 되기만 할 거라면 문법을 갖고 옥신각신할 필요가 없다. 단어 선택, 문법 등의 관점에서 원본에 가장 '충실한' 번역은 원본 독자의 경험, 그러니까 훌륭한 문학을 읽는 경험에 충분히 '충실'하지 않을 가능성이 매우 높다.[15]

스미스에게 번역은 단순히 언어의 문제가 아니라, "문학적 감수성"(literary sensibility)에 관한 것이다. 한 단어가 다른 언어에서 무슨 뜻인지 아는 것은 "사전"이 할 일이다.[16] 더군다나 최근 기계번역의 등장으로 더더욱 단어를 번역하는 데 집중하는 것은 의미가 없다. 스미스는 문학 번역이 문자적인 것이 아니라 '문학적'이어야 한다고 주장한다. 따라서 번역가들은 단지 언어적 지식보다는 문학적 감수성과 글쓰기 역량을 갖추는 것이 훌륭한 작품으로 번역하는 데 더 중요한 것이다. 스미스는 단어를 선택할 때, "그 단어가 얼마나 많은 음절이 있는지, 어떻게 보이는지, 느껴지는지, 들리는지"를 고민하고 "어떤 종류의 함축과 이미지들을 독자에게 불러일으킬지"와 같은 것들을 고려한다.[17] 그럼, 그녀가 『채식주의자』와 『소년이 온다』를 문학성과 작품성이 돋보이는 영어 소설로 재탄생시키기 위해 어떤 노력을 했는지 살펴보도록 하자.

한국과 영미권 사이의 문화적 차이 매개

스미스는 새로운 독자를 위해 한국과 영국 사이의 문화적 차이를 매개하려고 원본에 창조적으로 접근한다. 예를 들어 『채식주의자』 두 번째 이야기의 예술가 형부가 처제 영혜를 찾아가는 장면에서 소설의 중요한 부분을 변형한다. 한국어 원본에서 그들은 "프랜차이즈 아이스크림 가게"(94쪽)에 가고 영혜는 아이스크림을 먹는다. 그러나 이것은 논리적으로 '모순'인데, 엄밀히 말해서 영혜는 엄격한 채식주의자(vegan)로 소설에서 그려지기 때문이다. 고기는 말할 것도 없거니와 꿀이나 우유, 계란도 먹지 않으며 채소만 먹고, 가죽 신발도 신지 않는다. 한강은 영혜가 "우유도 버렸어"(20쪽)라고 남편에게 말하는 것으로 쓰고, 심지어 "그녀에게는 구두가 없었다. 모든 종류의 가죽제품을 버렸기 때문이다"(28쪽)라고 서술한다. 그래서 번역가는 아이스크림 가게를 "체인 카페"(chain cafe, p. 77)로 바꾸고, 아이스크림은 팥이 있는 "빙수"(shaved ice, p. 77)로 대체하며 "she mixed red bean into the shaved ice slush"(p. 77)를 추가한다. 팥빙수는 한국에서 아이스크림만큼 흔히 먹는 차가운 여름 음식으로서 보통 우유가 들어가지만, 영어권 독자는 그 사실을 알지 못할 것이므로 잠재적 모순을 미리 없앨 수 있다.[18]

물론 이러한 변형은 논리 수정으로도 볼 수 있지만, 번역가가 문화 차이를 타협한 것으로도 볼 수 있다. 현재 채식주의는 한국에 널리 퍼져 있지만, 한국어 원본이 문학 계간지에 독립된 중편소설로 처음 나왔던 2004년, 2005년에는 한국의 많은 독자에게 상대적으로 새로운 현상이었고 그 정확한 의미는 잘 알려져 있지 않았다. 반면 오래전부터 영미권 독자들은 채식주의(vegetarianism)와 엄격한 채식주의(veganism)가 어떻게 서로 다른지 구별할 수 있었다. 따라서 비건인 영혜가 아이스크림을 먹는다는 사실이 한국 문화에서는, 한국 독자에게는 크게 이상하지 않다. 그러나 영미권 문화에서는 문제가 될 것이고, 나아가 채식이 작품에서 중요한 주제이므로 작품의 질까지도 훼손시킬 위험이 있어서, 이러한 변형은 서로 다른 문화를 매개한 것이라 할 수 있다.

엄격한 충실성의 코드를 깨는 이러한 문화적 타협은 다른 부분에서도 나타난다. 한국의 현대 문화는 과거의 유교 문화와 현대의 미국 문화 사이의 만남으로 대략 정의할 수 있을 것이다. 여전히 근대 이전의 전통적인 문화는 강하게 남아 있어서, 나이, 지위, 직급에 따라 위계질서가 눈에 띄게 존재한다. 이러한 서열은 영혜와 남편이 상사들과 부부 동반 식사할 때 분명하게 드러난다. 두 문화의 차이를 의식한 스미스는 김가희가 지적한 것처럼, 문자 그대로 번역하지 않고 정보를 추가하여 문화적으로 번역한다.[19] 사장 부인은 영혜가 음식을 먹지 않자 염려하지만, 영혜는 겸손하고 미안한 듯이 웃지 않는데, 번역가는 이것이 영어권 독자에게 문화적으로 무슨 의미인지 간단하게 설명한다. "But the demure, apologetic smile which was the only reasonable response never came"(p. 25)을 추가하여 자연스럽게 나와야 할 유일한 반응인 겸손하고 미안해하는 미소가 없었다고 말한다. 한국 문화에서는 조직 사회의 서열을 따르기 위해 상사 부인에게 미안해하며 웃어야 할 것으로 기대되지만, 영혜는 웃지 않는다. 스미스는 자연스럽게 번역의 일부로서 필요한 정보를 추가하면서 한국 문화에 낯선 영미권 독자들이 작품을 이해하도록 돕는다.

마찬가지로 스미스는 남편이 영혜를 강간하는 장면에서 '종군위안부'의 역사적 의미를 추가한다. 번역가는 "그럴 때 아내는 마치 자신이 끌려온 종군위안부라도 되는 듯 멍한 얼굴로 어둠 속에 누워 천장을 올려다보고 있었다."(40쪽)를 다음과 같이 번역한다. "Once that had happened, she lay there in the dark staring up at the ceiling, her face blank, as though she were a 'comfort woman' dragged in against her will, and **I was the Japanese soldier demanding her services.**"(p. 30, 인용자 강조). 여기서 스미스는 볼드체 텍스트를 추가한다. 영혜가 남편에게 강간당할 때 느끼는 기분을 "종군위안부"의 역사적 컨텍스트와 더 분명하게 연결하기 위해서이다. 김욱동은 "일본인에 대한 부정적인 문화적 견해"를 넣었다고 스미스를 비판하지만,[20] 이미 그 견해는 한강의 원본에 있다. 게다가 "종군위안부"는 한국 독자에게 제국주의 일본군의 역사적 만행을 바로 연상시키는 것과 달리, 영미권 독자들은 스미스가 추가하지 않았다면 부부 강간을 당하는 영혜의 비참한 기분을 잘 이해하지 못하고 놓쳤을 것이다. 물론 번역가가 정보를 제공하기 위해 주석을 사용할 수도 있지만, 읽기의 흐름을 깨고 번역의 문학성이나 작품성을 상실할 위험이 따른다. 그래서 영미권에서는 주석을 달지 않는 출판 관행이 있다. 분명한 사실은 스미스가 추가를 통해 영미권 독자에게 한국 문화와 역사를 잘 알도록 도와준 점이다.

이러한 문화 차이의 타협은 한강의 『소년이 온다』를 스미스가 번역한 *Human Acts*에서도 나타난다. 1장에서 '땀'과 관련하여 영미권과 한국 문화 사이에 존재하는 큰 간격을 좁힌다. 화자 동호의 관점에서 2인칭으로 서술되는데, 은숙 누나가 심한 냄새가 나는 시체를 계속 지키는 동호를 염려하며 집에 가서 씻으라고 말하는 장면이다.

> **너, 땀 냄새 많이 나.** 도청서 먹고 잔 지 한참 됐잖아.
>
> **네 뺨이 붉어진다.** 별관 화장실에서 세수할 때 늘 머리까지 함께 감았다. 시취가 뱄을 것 같아 밤이면 이를 딱딱 부딪히며 찬물로 몸도 씻었는데, 소용없었나보다. (『소년이 온다』 26쪽, 인용자 강조)

> 'This place doesn't have the home comforts of the Provincial Office,

you know,' Eun-sook says delicately. 'And it's hard work you've been doing. . .'

You blush; you know you stink of sweat. Whenever you go to wash your hands in the tiny annex bathroom you always try to give your hair a quick wash too. The putrid smell seems to have soaked into your skin, so at night you even splash the cold water over your whole body, teeth chattering and sneezing violently; now it seems you might as well not have bothered. (*Human Acts* p. 28, 인용자 강조)

원본에서 "너, 땀 냄새 많이 나"는 은숙 누나가 동호에게 하는 '대사'로 되어 있지만, 번역은 "You blush: you know you stink of sweat."이라며 동호 자신이 땀 냄새가 많이 난다고 느끼는 '서술'로 변형되어 있다. 원본의 "네 뺨이 붉어진다." 뒤로 옮겨서, 번역에서 동호가 스스로 땀 냄새가 나는 것을 깨닫고 부끄러워 얼굴이 붉어지는 것으로 만들었다. 반면 원본에서는 동호의 뺨이 붉어지는 이유는 땀 냄새를 지적하는 은숙의 말 때문이다. 한국 문화에서는 상대에게 땀 냄새가 난다고 직접적으로 지적하는 것이 크게 문제가 되지 않지만, 영미권에서는 무례하게 들린다. 사실 원본에서 이 말은 동호를 아끼는 마음에 하는 배려의 말이지만, 이것을 원본 그대로 영어로 직역하면 번역본에서는 모욕과 비난처럼 들릴 가능성이 높다. 따라서 번역가는 은숙 누나가 아닌 동호 자신이 땀 냄새가 나는 것을 안다고 서술하는 것으로 바꾸어, 동호가 땀 냄새가 난다는 정보는 손실하지 않으면서도 문화 차이에서 생겨나는 오해를 미리 차단한다.

한국어 글쓰기와 영어 글쓰기 차이 매개

많은 한국 시를 영어로 번역한 안선재는 한국어와 영어 시스템 사이에 커다란 차이가 있고, 따라서 직역은 불가능하다는 사실을 지적한다.[21] 스미스도 그 좁히기 쉽지 않은 간극을 논하는데, 한국어를 영어로 옮기는 것은 "모호성(ambiguity), 반복(repetition), 평이한 산문(plain prose)의 언어를 정확성(precision), 간결함(concision), 서정성(lyricism)을 선호하는 언어로 옮기는 것"이라고 말한 바 있다.[22] 사실 여러 국어학자들과 한국문학 번역가들이 주목하듯이, 물론 작가마다 시대마다 차이는 있겠지만, 한국어 글쓰기는 영어 글쓰기에 비해 종종 반복적(설명적)이고 감상적(신파적)이며 정황적(비논리적)인 경향이 있다.

이수연은 한국어에서 '반복'은 음운 단위부터 단어, 문장, 담화까지 광범위하게 나타난다고 주장한다.[23] 이희재도 한국어 글쓰기에서는 명사를 반복하고 대명사를 자주 쓰지 않지만, 영어 글쓰기에서는 명사 반복을 피하기 위해 종종 대명사를 사용한다는 점을 지적하며 한국어 글쓰기가 더 반복적이라고 말한다.[24] 안선재는 한국문학의 '감상성'을 주목한다. 한국 시인은 특히 이별과 관련하여 감정과 감상성에 의존하지만, 영미권 시인은 아이러니나 위트를 선호한다고 주장한다.[25] 그는 김소월의 「진달래꽃」을 영어로 여러 개의 버전으로 번역하면서, 원본의 감상성을 드러내는 방식으로 번역하면 영어권에서는 한국과 다르게 인식될 위험이 있음을 지적한다. 감상성은 영어권에서 좋은 글의 기준과 거리가 멀다. 한편, 손병룡은 한국어 글쓰기는 영어에 비해 '정황적'이라고 주장한다.[26] 그래서 영어 글쓰기만큼 논리가 엄격하게 필요하지 않을 수도 있다. 황석영의 소설을 번역하여 주목받는 한국문학 번역가 소라 김-러셀(Sora Kim-Russel)도 종종 한국어 문법에서 단어가 생략되고 한국어가 성별의 구분이 없어서 한국어와 한국문학은 모호함과 애매함을 유발한다고 말한다.[27] 이것은 어느 언어가 우수하고 열등한가의 문제가 아니라, 두 언어의 글쓰기 관습이 서로 다르다는 것을 의미한다. 따라서 원본 언어로 좋은 글이었던 것을 직역하면, 도착어 글쓰기의 기준에서는 좋은 글이 아닐 수 있다. 특히 문학 텍스트는 다른 종류의 텍스트와 달리 예민하고 섬세하기 때문에 더더욱 그러하다. 이러한 한국어 글쓰기의 특징이 한강의 원본에 자주 나타나고, 스미스는 자신의 영어 번역에서 이러한 두 언어의 서로 다른 글쓰기 방식의 차이에 다리를 놓아야 하는 책임을 갖게 된다.

*The Vegetarian*에서 여러 비평가들을 당혹시킨 생략의 일부는 한국어와 영어 글쓰기 사이의 큰 차이를 극복하는 과정에서 생겨났다고 볼 수 있다. 앞서 살펴보았듯이, 김욱동과 김번은 『채식주의자』 번역에서 스미스의 생략을 강하게 비판한 바 있다. 먼저, 한국어 원본의 '반복적인' 어구, 문장들이 영어 번역 어디에서 사라지는지 살펴보자. 특히 3부에서

삭제가 두드러진다. 어떻게 인혜가 동생과 남편 사이의 충격적인 섹스 동영상을 발견하는가에 대한 네 줄의 반복적인 묘사, "그 가을 아침 영혜에게 줄 나물을 싸 들고 자취방을 찾았을 때 그녀가 본 광경은 상식과 이해의 용량을 뛰어넘는 것이었다. […] 몸을 섞는 장면들을 테이프에 담았던 것이다"(167쪽)를 생략한다. 여기서 한강은 "것이(었)다"와 같은 어미를 활용하여 반복적으로 설명한다. 그리고 같은 쪽, 167쪽에서, 바로 세 줄 아래에 열 줄의 비슷한 내용이, 그러나 더 자세한 설명이 번역에서 생략된다. 2부에도 생략이 이뤄지는데, 왜 인혜의 예술가 남편이 전 여자 친구를 찾아가는지 134쪽에서 그 이유를 설명한 여섯 줄이 생략된다. 이 부분은 반복적이고 감상적이어서 생략된 것처럼 보인다.

사실 한강의 원본에서 감상적이고 신파적인 부분도 생략의 주요 대상이 된다. 인혜가 남편과 여동생의 정사를 발견한 직후에 남편을 마지막으로 보았던 감상적인 기억을 묘사하는 문단 전체, "마지막으로 보았던 그의 눈을 그녀는 또렷이 기억했다. 공포에 질린 그 얼굴은 낯선 것이었다. 그녀가 그토록 존경하려 애썼던 사람, 인내하고 보살피기 위해 몸을 으스러뜨렸던 사람의 얼굴이 아니었다. […] 그는 한갓 그림자에 불과했다."(194쪽)가 번역에서 사라진다. 특히 "것이었다," "그토록," "으스러뜨렸던," "한갓"은 신파적인데, 앞서 언급했듯이, 이 생략은 스미스가 영어 번역에서 그려내는 주체적인 여성상과 맞지 않는 인혜의 여성적 나약함을 드러내면서도, 동시에 영어 표현으로 그대로 옮기기에도 너무 감상적이고 어색하기까지 하다.

논리적으로 모순된 부분을 삭제하거나 변형한 사실도 스미스가 두 언어 사이 서로 다른 글쓰기 관행을 매개한 것이라 할 수 있다. 앞서 언급했던 원본의 아이스크림을 팥빙수로 변형한 것도 논리 수정의 한 예이다. 어떤 비평가들은 논리 모순을 바로잡은 것인데, 원본의 단어와 다르다는 이유로 오역이라 부른다. 예를 들어 비록 김대중과 차스 연(Charse Yun)이 오역이라고 지적하지만,[28] 원본의 "식성이 좋았고"(21쪽)를 옮긴 스미스의 번역, "a more than competent cook"(p. 14)은 문맥을 고려하면 원본보다 더 논리적이다. 왜냐하면 바로 다음에 영혜가 얼마나 식성이 좋은지에 대한 묘사가 아니라, 얼마나 능숙하게 요리를 잘하는지에 대한 설명이 거의 열 줄이나 나오기 때문이다.

> 그녀는 불판에 얹힌 갈비를 익숙한 솜씨로 뒤집었고, 한 손에 집게를, 다른 한 손에 큰 가위를 들고 쓱쓱 잘라내는 품이 듬직했다. 결혼한 뒤 일요일에 만들어내는 요리들도 그럴듯했다. 다진 생강과 물엿으로 미리 재워 향긋하고 달콤하게 튀긴 삼겹살. 샤브샤브용 쇠고기를 후추와 죽염, 참기름으로 간하고 찹쌀가루를 앞뒤로 입힌 뒤 구워 마치 떡이나 전 같던 그녀만의 특별식. 다진 쇠고기와 불린 쌀을 참기름에 볶은 뒤 콩나물을 얹어 지은 콩나물비빔밥. 굵은 감자를 썰어넣은 닭도리탕은 어땠던가. (『채식주의자』 21-22쪽)

게다가 스미스는 영혜의 성격에 대한 모순적인 묘사도 삭제한다. 영혜는 소설 내내 말수가 적고 사회성이 없어, 남편은 “아내는 말수가 적은 편이었다.”(11쪽)고, 언니는 “나이를 먹을수록 동생의 말수가 적어진 것이 내심 안타까울 뿐이었다”(158쪽)라고 생각한다. 그래서 “가령 지우가 태어난 날 병원에 첫 조카를 보러 온 영혜는 축하한다는 말 대신 ‘처음 봐, 이렇게 작은 아이는 […] 갓 태어나면 원래 이런 거야?”하고 중얼거리듯 물었을 뿐이었다”(158쪽). 그러나 원본에서 이 부분 바로 직후에 영혜의 “살가운” 제안이 뒤따른다. “엄마 계신 J 읍까지 혼자 안고 갈 수 있겠어? 운전이야 형부가 하겠지만…… 힘들 것 같으면 내가 같이 갈까?”(158쪽)가 갑작스럽게 튀어나오는데, 논리적인 글에 익숙한 영미권 독자에게는 당황스러울 수 있다. 번역가는 사회성이 없는 영혜가 갑자기 이렇게도 상냥하고 남을 배려하게 되는 성격적 모순을 제거한다. 뒤에 나오는 “고맙게도 그렇게 살가운 제안을 해주었지만”(158쪽)도 생략한다. 그래서 스미스는 여주인공 캐릭터를 더 일관성 있고 개연성 있는 인물로 그려내서 작품성을 높인다.

스미스는 *Human Acts*에서도 이러한 논리적 모순을 제거한다. 다음은 동호가 신원이 확인되지 않은 손상된 시체 중 하나가 친구의 누나인 정미 누나일지도 모른다고 생각하는 장면이다.

> 하지만 어딘가 비슷한 것 같았다. 비슷한 **주름치마**를 입은 모습을 봤던 것도 같았다.
>
> 하지만 저건 아주 흔한 **물방울무늬 치마**가 아닌가? 저런 치마를 입고

일요일에 나가는 걸 확실히 본 것도 아니지 않나. (『소년이 온다』 40쪽, 인용자 강조)

But it seemed similar, somehow. And that **pleated skirt**. Yes, it was definitely similar.

But **that kind of skirt's** quite common, isn't it? Are you really sure you saw her go out in a skirt like that on Sunday? (*Human Acts* p. 44, 인용자 강조)

시체는 정미 누나를 연상시켰고, 누나가 입었던 것으로 기억하는 "주름치마"를 입고 있었다. 다음 문단에서 그 치마를 가리켜야 하는데, 원본은 "물방울무늬 치마"로 '다르게' 표현되어 있다. 이것은 논리적으로 맞지 않아서 스미스는 "that kind of skirt"로 변형시켜 "주름치마"를 가리켜 같은 치마이도록 논리적으로 연결시킨다.

그러나 한강의 원본에서 드러나는 논리의 모순은 한국어 글쓰기의 일반적인 특성일 수 있지만, 작가 개인의 특징, 또는 실수나 글쓰기의 통제력이 느슨해진 상황으로 볼 수도 있다. 작가를 신으로 여기는 문화권이나 시대가 있지만, 사실 작가는 신도 아니고 완벽한 글은 없는 만큼, 글쓰기 장악력이 느슨해지는 부분이 나올 수 있기 때문이다. 철저하게 원본을 읽어내야 하는 독자인 번역가에게 그 부분이 눈에 띌 수 있다. 바스넷이 주장하듯이, 번역가는 원본의 저자가 될 수 없지만, 번역의 저자로서 새로운 도착어 독자에 대한 "도덕적 책임"이 있으므로,[29] 스미스는 실수를 수정하여 그 의무를 수행했다고 볼 수 있다.

시적이고 문학적인 문체와 이미저리 및 은유 사용

스미스는 한발 더 나아가 영어 문장의 문학성을 최대한 살리려고 하였다. 원본의 내용만을 그대로 전달하기보다는, 언어의 미학적 성격을 중시하고 문체에 많은 관심을 기울였다. 사실 그녀는 자신의 모국어인 영어로 아름다운 문장을 쓰는 번역가로 잘 알려져 있다. 스미스는 "나는 번역을 좋아한다. [⋯] 문장을 가능하면 아름답게 만들 수 있는 기회를 얻고 영어로 가능한 것의 정점까지 도달할 수 있기 때문"이라고 말한다.[30] 이 대목은 파운드와 스미스가 번역에 대한 관점이 비슷함을 다시 한번 상기시켜 준다. 앞서 언급했듯이, 파운드에게도 번역이 자신의 영어 표현적 잠재성을 키우는 데 도움이 되었기 때문이다.[31] 한강은 *The Vegetarian* 오역의 아쉬움에 공감하면서도, "도착어인 영어 표현이 좋아서 괜찮겠다"며[32] 스미스의 영어 표현력을 높이 산 바 있다.

이러한 미학적 효과는 먼저 서정적이고 시적인 언어를 사용하여 이루어진다. 물론 서정성은 이미 한강의 한국어 원본에도 존재하지만, 스미스는 그것을 강조하거나 원본이 특별히 문학적이지 않을 때도 적절한 곳에서 문학적인 단어를 사용한다. 영혜가 자신의 꿈을 묘사하는 부분에서 그러한 특징은 두드러진다.

Dreams of murder.

Murderer or murdered. . . .hazy distinctions, boundaries wearing thin. Familiarity bleeds into strangeness, certainty becomes impossible. *Only the violence is vivid enough to stick. A sound, the elasticity of the instant when the metal struck the victim's head . . .* ***the shadow that crumpled and fell gleams cold in the darkness.***

They come to me now more times than I can count. ***Dreams overlaid with dreams, a palimpsest of horror.*** *Violent acts perpetuated by night. A hazy feeling I can't pin down . . . but remembered as blood-chillingly definite.* (*The Vegetarian* p. 28, 인용자 강조)

한국어 원본이 다소 길고 장황하다면, 영어 번역은 생략과 응축을 통해 짧다. 무엇보다도 원본의 언어는 평범하고 산문적이지만, 스미스 번역의 언어는 서정적이고 시적이다. 특히 위 인용문에서 강조된 부분은 한 편의 시라고 해도 손색이 없다. 예를 들어 "a palimpsest of horror"를 추가하여 꿈속에서 겹겹이 쌓여 지워도 다시 쓰이는 공포의 끈질김을 생생하게 보여주고 있다. 원본은 "다시 꿈을 꿨어"(36쪽)라고 평범하게 시작하지만, 번역에서는 그 문장이 생략되고 대신 "Dreams of murder"라는 제목이 달려서 꿈의 제목, 나아가 시의 제목처럼 보인다. 이렇게 서정적인 언어를 사용하여 번역가는 (원작가가 사용한 이탤릭체 이외에도) 꿈과 현실을 효과적으로 분리할 뿐만 아니라, 경계를 넘나드는 영혜가 유일하게 자신의 속마음을 표현할 수 있는 꿈의 몽롱한 상태를 시적으로 그려낸다.

주인공의 또 다른 꿈에서 특정 소리가 반복되어 시의 특성을 살려낸다. 다음 문장에서 "s"와 "f"가 리듬감 있게 반복된다. "*Sleeping in five-minute snatches. Slipping out of fuzzy consciousness*"(p. 33). 스미스의 번역은 또한 다른 부분에서 짧고 날카로운 소리를 내는 스타카토를 시도한다. "t," "s," "c"와 같은 강한 자음의 반복을 통해 날카롭고 분명한 음절을 다음과 같이 만들어 낸다. 결혼 전 지금의 남편이 인혜의 가게에 찾아오는 장면이다. "He'd come into her shop, skinny as a sorghum stalk and with several days worth of stubble on his face, a camcorder bag slung over one shoulder which was clearly weighing him down"(p. 131). 때로는 단어를 바꾸면서 번역가는 유사한 음과 리듬을 만들어 낸다. 예를 들어 다음 문장에서 원본의 "팔"을 "발"로 바꾼다. "No **people**. The sharp-pointed **leaves** on the **trees**, my torn **feet**"(p. 12, 인용자 강조). 이 번역은 김욱동과 차스 연이 오역이라고 주장하지만,[33] 의미는 크게 희생하지 않으면서도 그것 자체로 미학적인 효과를 더 우선하여 추구한 것처럼 보인다. 장음 'i'(이) 소리가 반복될 때 번역은 반복된 유사한 소리가 발생하며, 이것은 번역가가 의도했을 수 있는 시적 효과이다. 스미스에게 서정적이고 시적인 언어와 리듬, 운율, 울림을 사용하는 것은 미적인 효과를 창조하므로 중요하다. 이 모든 것이 더해져 그녀의 번역은 어느새 시와 닮아 있다.

게다가 스미스는 '이미지리'나 '은유'와 같은 문학 기법을 통해 언어의 풍요로움과 표현력을 높인다. 이미지리는 육체적인 감각이나 마음속에서 발생하여 언어로 표출되는 이미지의 통합체라 할 수 있다. 그녀는 원문에는 언어화되어 있지 않지만, 원문에 의해 강력하게 떠올려진 이미지를 번역에 추가하여 한강 원본의 문학성을 살리고 풍부하게 한다. 그녀는 "한강의 글쓰기 자체가 어떤 시각적인 특징을 갖고" 있는 것처럼 느껴지고, 어떤 이유에서인지 번역할 때마다 원본에는 단어로 표현되어 있지는 않지만, "레이저처럼 날카로운 이미지들에 사로잡힌다"고 고백한다.[34] 그래서 맥락에 절묘하게 어울리는 이미저리를 종종 활용하였는데, 독자에게 감각 경험을 창출하여 생생한 그림을 머릿속에 그리게 해서 글의 묘사력을 높인다. 두 개의 다른 개념을 연결하여 깊이와 의미의 층을 더하는 은유도 종종 사용한다.

이러한 문학 기법들을 스미스는 적재적소에 사용하여 소설의 완성도를 높이는데, *Human Acts* 2장을 살펴보도록 하자. 동호의 죽은 친구 정대의 관점에서 서술이 되고, 그는 영혼이 되어 다른 시체를 바라보며 방황하는 장면이다.

> 손도 발도 얼굴도 혀도 없는 우리는 가만히 그림자를 맞댄 채 서로가 누구인지 생각에 잠겼고, 결국 어떤 말도 주고받지 못한 채 서로에게서 떨어져 나갔어. (『소년이 온다』 48-49쪽)

> We would lose ourselves in wondering who the other was, without hands, feet, face, tongue, our shadows touching but never quite mingling.

Sad flames licking up against a smooth wall of glass, only to wordlessly slide away, **outdone by whatever barrier was there**. (*Human Acts* p. 53, 인용자 강조)

스미스는 영혼들이 서로 알아보지도 못하고 서로 닿고 만질 수도 없는 '단절'과 '고립'의 서글픈 모습을 "Sad flames licking up against a smooth wall of glass"를 추가하여 묘사한다. 그 영혼들은 슬픈 불꽃이 되고 매끄러운 유리벽에 부딪힐 수밖에 없어 만날 수 없다. 번역가는 '슬픈 불꽃'과 '매끄러운 유리벽'의 시각적 이미지를 통해 영혼들의 고립을 독자의 마음속에 생생하게 그려낸다. 그 절박함은 "outdone by whatever barrier was there"의 추가를 통해 강조된다. 그들을 가로막고 있는 장벽이 무엇이든 통과할 수 없기 때문이다. 이를 통해 묘사의 깊이가 더해지고 장면에 대한 독자의 이해와 감정의 반응을 이끌어 낸다.

스미스는 1장에서 총을 맞고 쓰러지는 시민들을 묘사하는 장면에서도 원본에서 드러나는 군인의 폭력과 시민의 무력함을 다양한 문학 장치를 통해 효과적으로 그려낸다. 예를 들어, 한강은 "운동화가 벗겨진 맨발이 꿈틀거린 것 같았다"(32쪽)고 말한 반면, 스미스는 "Bare feet - what had happened to his trainers? - seemed to be twitching"(p. 33)으로 번역하여 대시를 사용하여 내적인 질문을 추가한다. 운동화가 벗겨진 상황을, 왜 운동화가 저렇게 벗겨질 수밖에 없었는지 독자에게 의문을 제기하고 폭력성을 상상하게 한다. 같은 장면에서 한강은 "맥없이

청년들이 쓰러졌다"(32쪽)라고 서술한 반면, 스미스는 "The young men crumpled like puppets whose strings had been cut"(p. 34)으로 번역하여, "crumpled"(쓰러졌다)라는 동사 이외에도 원본의 "맥없이"를 줄이 끊어진 인형과 같은 이미저리를 써서 시민이 힘없이 쓰러지는 모습을 생생하게 연상시킨다.

이미저리나 은유를 사용하여 독자에게 감정을 감각적으로 불러일으키려는 번역가의 노력은 3장에서 김은숙이 참혹하게 검열당한 글자를 보고 생각하는 장면에서도 잘 드러난다. 한강이 "숯이 된 문장과 문장들 사이에서 그녀는 숨을 몰아쉰다"(79-80쪽)라고 표현할 때, 스미스는 "Gasping for breath in these interstices, tiny islands among language charred out of existence."(p. 83)라고 말하며 원본의 "문장들" 대신 "interstices"(간극)와 "tiny islands"(작은 섬)를 추가하여 은유적으로 표현한다. 특히 "작은 섬"이라는 은유를 통해 파괴에도 살아남은 잔해인 문장들이 바다에 둘러싸인 섬처럼 고립되고 작고 여리다는 인상을 준다. 이 이미저리는 숯이 되어 검열의 폭력에 의해 파괴된 언어의 풍경 속에 간신히 살아남은 문장들의 '가냘픔'과 '고립'의 이미지를 독자의 마음에 효과적으로 불러온다.

많은 비평가들이 지적하듯이, 스미스가 『채식주의자』 번역에서 오역을 많이 한 것도 사실이고, 스미스의 번역들이 한국에서 일반적으로 인정되는 번역들의 모습과 다른 것도 사실이다. 그러한 면에서 스미스의 번역은 한국에 국제적 명성의 상을 안겨주었지만, 동시에 당혹스러움을 주기도 하였다. 그러나 파운드가 시를 시로 번역하여 훌륭한 영시를 탄생시켜 새로운 독자와 성공적으로 소통한 사실을 기억한다면, 번역을 원본의 문학성을 살리면서도 하나의 독립적인 문학 작품으로서 바라본다면, 스미스의 번역은 새로운 의미를 지니게 될 것이다. 그녀의 번역은 파운드의 발자취를 쫓아 원본의 내용만을 전달하는 것이 아니라, 스타일이 살아 있고 읽기의 즐거움과 감동이 있는 문학 텍스트를 창조하고자 하였기 때문이다. 그 결과 글로벌 독자와 소통했다는 점에서는 분명 주목할 만한 작품이라고 할 수 있다. 스미스는 영미권 문화와 한국 문화 사이의 간극에 다리를 놓고, 반복적이고 감상적이고 정황적인 경향이 있는 한국어 글쓰기와 그렇지 않은 영어 글쓰기의 차이를 매개하며, 시적이고 서정적인 문체와 이미저리 및 은유를 사용하여 풍부한 문학적 표현을 사용하였다. 원본이 자극하는 번역가의 상상력을 번역에 담아내어, 원본의 문학성을 풍부하고 다채롭게 영어 텍스트로 잘 살려내었다.

이러한 관점에서 스미스의 번역, *The Vegetarian*과 *Human Acts*는 한

국에서 중요한 의미를 지닌다. 무엇보다 번역이 원본의 베껴 쓰기가 아니라, 단순히 한 언어를 다른 언어로 옮기는 것이 아니라, 창작만큼 창조적일 수 있다는 점을 보여주었다. 전통적인 번역의 개념이 통용되는 나라에서 번역의 개념을 확장한 것이다. 분명 충실하고 학술적인 번역도 중요한 공헌을 하지만, 원본의 문학성을 살리면서도 독립적인 문학으로 존재하는 번역도 필요하다. 그러한 점에서 번역을 원본에 대한 엄격하고 좁은 의미의 충실성에서 해방시켰다고 볼 수 있다. 동시에 번역가의 문학적 역량과 창조성이 번역을 하는 데 얼마나 중요한지를 잘 보여주었다. 바스넷이 말하는 번역가에게 필요한 자질, "원본을 생산하기 위해 요구되는 능력보다 조금도 열등하지 않는, 비범한 문학적 능력"을[35] 스미스는 자신의 번역에서 잘 발휘하였다.

나는 이 글에서 스미스의 두 영어 번역이 한국어 원본보다 우월하다, 열등하다, 충실하다, 충실하지 않다와 같은 문제를 논하려고 한 것이 아니다. 『채식주의자』 오역 논쟁에서 드러나는 원본과 번역의 대립, 또는 작가와 번역가의 대결 구도보다는, 상호 보완 또는 우정과 평등의 측면에 의미를 두고자 했다. 스미스가 한국어 원본의 훌륭한 서사를 뛰어난 문장력과 묘사력으로 녹여내어 훌륭한 영어 작품으로 창조해 냈음을 보여주고자 했다. 번역가에게 문학적 자율성을 허용할 수 있을 때, 원본은 도착어권에서 더욱더 빛날 수 있다. 그리하여, 한강의 두 소설은 스미스의 번역을 통해 이 땅을 넘어 가부장제로 고통받는 세계의 수많은 영혜와 인혜의 마음을, 공권력의 탄압에 핍박받은 역사가 있거나 팔레스타인의 가자 지구에서처럼 여전히 고통받는 세계의 수많은 시민들의 마음을 울린다.

제4장

번역과 문화 제국주의 I

『소년이 온다』 번역은 어떻게 영어 헤게모니에 저항했는가

근대 이후 번역은 오랫동안 원본에 비해 독창적이지 않고, 원본의 '베껴 쓰기'나 번역가의 중요한 개입 없이 한 언어를 다른 언어로 옮기는 기계적인 텍스트로 오해받으며 고통받았다.* 그러나 번역은 훨씬 더 복잡한 현상이고 언어적 차원으로만 환원될 수 없으며, 권력에 복종할 수도 저항할 수도 있는 '정치적인' 글쓰기이다. 바스넷에 따르면, 번역은 진공 상태에서 발생하는 것이 아니고, 언어적, 문학적, 문화적 시스템 사이에서 작동하는 독특한 권력 서열의 문제가 있다.[1] 이런 의미에서 번역가도 작가나 정치인처럼 지식을 만들어 내고 문화를 형성하는 권력 행위에 참여한다.[2] 번역은 필연적으로 두 언어 및 문화와 관련되어, 한 언어

* 나는 2021년 국제저명 학술지 *Acta Koreana* 24권 2호에 〈Decolonizing Acts: An Analysis of Deborah Smith's English Translation〉을 출판했고, 이 글은 그 논문을 쉽게 풀어 우리말로 다시 쓴 것이다.

가 다른 언어에 영향력을 행사할 수 있고 그들 사이의 권력은 균등하지 않다.[3] 어떤 언어와 문화는 주변부로, 어떤 언어와 문화는 중심부로 인식된다. 그래서 한국어 텍스트를 영어로 옮기는 경우, 한국어는 변방의 언어이기에 불가피하게 권력 서열의 문제가 발생해서 번역은 영어 중심으로 이루어진다. 탈식민주의 번역은 이러한 텍스트 이동에서 두 언어의 불평등한 권력 관계를 인지하고 도전한다. 나는 스미스가 한강의 『소년이 온다』를 영어로 번역한 *Human Acts*를 이러한 탈식민주의 관점에서 읽고, 스미스가 자국화 번역가라는 세간의 평판에 도전하고자 한다.

*Human Acts*는 맨부커 국제상 수상작 *The Vegetarian* 이후 스미스가 영어로 옮긴 두 번째 한강 소설 번역이다. 이 번역은 2016년 포르토벨로 북스에 의해 출판되었고 2년 후 더블린 국제 문학상의 최종 후보가 되었다. 2014년 세상에 나온 한강의 『소년이 온다』는 일곱 개의 장으로 구성되고, 각 장은 서로 다른 등장인물의 관점에서 전개된다. 이 소설은 1980년 5·18 광주 민주화 운동의 희생자와 생존자를 다루며 폭력으로 얼룩진 역사와 가슴 아픈 사연들을 담고 있다. 수상작 *The Vegetarian*에 비해, 스미스의 *Human Acts*는 한강이 노벨 문학상을 받기 전에는 학자와 비평가들의 많은 관심을 받지는 못했다. 조의연과 조숙희, 이지민, 윤미선과 박건영과 같은 학자들이 각각 이탤릭체, 정보성, 독자 수용의 관점에서 스미스의 번역을 검토했을 뿐이다. 이 글은 번역의 또 다른 정치적 측면, 즉 문화 권력을 다룬다는 점에서 독창적이라 할 수 있다. 게다가 나는 탈식민주의 번역으로 *Human Acts*를 분석할 것

이고, 그것은 소수어 원본을 종종 자국화하는 영미권 문화 제국주의에 저항하기 위해 어떻게 한국문학이 영어로 번역될 수 있는지에 대한 좋은 예시를 보여줄 것이다. 마지막 장에서 살펴보겠지만, 김지영이 신경숙의 『엄마를 부탁해』(2008)를 번역한 *Please Look after Mom*(2011)은 영미권에 호소하고자 한 자국화 번역의 전형으로 볼 수 있다.

나는 이 챕터에서 스미스가 *Human Acts*에서 영어 헤게모니에 맞서 문화적 타자인 한국어 원본을 존중하고자 어떤 노력을 했는지 보여주고자 한다. 먼저 탈식민주의 번역 이론, 즉 식민주의, 탈식민주의, 번역 사이의 관계를 살펴볼 것이다. 베누티의 '이국화(foreignizing)' 번역은 특히 유용한데, 탈식민주의 번역 전략으로서 영미권 세계에 만연한 유창하고 자연스러운 영어 번역에 저항하기 때문이다. 유창한 번역에서는 소수어 원본의 언어적, 문화적 특징들이 사라진다. 다음으로, 나는 쿠셔닝(cushioning), 맥락화(contextualisation), 캘킹(calquing) 등을 통해 스미스가 어떻게 서구 사대주의에 저항하고자 했는지 그 실천을 보여줄 것이다. 스미스는 호칭과 한글과 같은 특수한 한국 문화 용어를 음차하고 간단한 설명을 넣으며 의식적으로 쿠셔닝을 한다. 한국어 단어를 자신의 영어 번역에 눈에 띄도록 들여오기 위함이다. 스미스는 또한 한국어 원본에서 다루는 광주 민주화 운동에 대한 자세한 역사적 정보를 역자 서문과 본문에서 제공한다. 궁극적으로 이러한 탈식민주의 번역 방식은 지배 언어 영어를 낯설게 하고, 서구 독자를 동아시아 한국의 문화적 타자성이라는 현실과 마주하게 한다.

식민주의, 탈식민주의, 번역

테자스위니 니란자나(Tejaswini Niranjana)는 번역은 식민주의 하에서 작동하는 불평등 권력관계에 영향을 줄 수 있고 그 관계에 의해 영향을 받기도 한다고 주장한다.[4] 주지하다시피, 번역은 유럽 언어 및 문화가 타 언어 및 문화에 대한 우월성을 확립하고 영속화하기 위해 식민주의의 도구로서 이용되었다. 예를 들어, 아시아 언어를 영어로 옮길 때, 번역은 종종 아시아를 영미권 소비를 위한 '이국적인 타자'로 이미지를 구성하여 식민 권력의 이권을 위해 봉사해 왔다. 아시아 원본은 자국화되어, 서구 도착어 문화에 대응어가 없는 언어, 문화적 특징들이 번역에서 삭제되거나, 아시아 타자가 서구의 우월감 속에서 낭만화되기 위해 변형된다.

이러한 식민주의의 불평등 권력관계를 반영하는 성공적인 영어 번역은 영국의 빅토리아 시대 에드워즈 피츠제럴드(Edward FitzGerald)가 번역한『오마르 카얌의 루바이야트(*The Rubaiyat of Omar Khayyam*)』일 것이다. 그는 페르시아어 원본을 향한 영국의 제국주의적 우월감을 자랑스럽게 드러낸다. "이 페르시아인들에게 원하는 만큼의 자유를 취하는 것이 나는 즐겁다. (내가 생각하기에) 그들은 번역가가 창조적인 접근을 하지 못하게 할 만큼의 시인이 아니고 예술성이 다소 결여되어 있다."[5] 그는 번역할 때 마음껏 자유를 누렸고, 그래서 동시대 독자들은 그의 번역을 원래부터 영어로 쓴 창작시라고 생각할 정도였다. 바스넷과 트리베디에 따르면, 피츠제럴드에게 번역은 다른 언어권 작가의 예술적 성취물을 담으면서도 유럽 문화의 우월감과 지배를 주장하는 수단이었다.[6] 마찬가지로 인도 시인 타고르는 자신이 직접 자유롭게 영어로 번역한 『기탄잘리』로 1913년 아시아 최초 노벨 문학상을 받고 성공했다. 그러나 그 번역은 원본과 다르다는 비판을 받았는데, 영미권의 입맛에 맞추느라 벵골어 원본과 멀어졌다는 점에서 식민주의적이라 할 수 있기 때문이다. 센굽타는 20세기 초에 누렸던 타고르의 명성과 인기는 심사위원들이 그의 작품을 지적으로 평가한 것이 아니라 아시아를 "수수께끼로서 감정적으로 연결"하려는 과정에서 생겨났고, 그들에게 아시아는 현자와 예언자들이 평범한 사람들에게 해방을 가져오는 미지의 땅이었다고 주장한다. 영어 번역을 통해 타고르는 "오리엔탈리즘"이라는 기존의 상부구조에 또 다른 토대를 제공하고 있었던 것이다.[7]

그러나 번역은 문화 제국주의에 저항하는 공간이 될 수도 있으며, 여기서 탈식민주의(decolonialism)나 탈식민성(decoloniality)이라는 개념은 매우 유용하다. 이 개념은 포스트식민주의(postcolonialism)처럼 식민 지배와 제국주의의 문화적 유산을 비판한다. 월터 미뇰로(Walter Mignolo)와 아니발 퀴아노(Anibal Quijano)와 같은 라틴 아메리카 학자가 탈식민주의를 서구의 현대성에 대한 새로운 접근으로 확립했고, 인종 연구, 젠더 연구, 지역 연구에 영향력 있는 관점을 제공하였다. 미뇰로에 따르면, 탈식민성은 "인식론적, 정치적 프로젝트"이고,[8] 현대성으로부터 벗어나는 "인식론적 탈연계"에 집중한다.[9] 탈식민성은 캐서린 월쉬(Catherine E. Walsh)가 지적하듯이, 서구 합리주의를 세상을 이해하고 분석하기 위한 유일한 틀로 보는 시각을 거부하고, 근본적으로 다른 관점을 제시하고 장려하고자 한다.[10] 탈식민성은 식민주의와 그 유산에 의해 역사적으로 잊혀지고 억압된 토착민들의 경험, 문화, 지식의 다양성을 인정한다.

탈식민주의 번역은 서구 지식의 보편성을 거부하고 소수 언어와 문화의 지역적 독특함을 드러냄으로써 번역에서 발생하는 불평등한 권력관계를 극복하고자 한다. 주변부 원본을 영어로 번역할 때, 현재 세계에서 가장 강력한 언어인 영어 패권주의에 문제를 제기하고, 소수 외국어 텍스트의 언어적, 문화적 특징을 지우지 않고 중요한 요소로 부각한다. 이러한 점에서 베누티의 이국화 번역이 탈식민주의 번역 전략으로서 유용하다. 이 개념은 독일 철학자 슐라이마허의 번역 철학의 영향을 받았는데, 바스넷이 주장하듯이 외국성의 모든 흔적을 지우는 자국화 번역들에 우려를 금치 못하는 번역학자들의 마음을 얻었다.[11] 번역학에서 자주 인용되는『번역가의 비가시성(*The Translator's Invisibility*)』에서, 그는 '이국화'를 다음과 같이 설명한다.

> 현재 세계정세의 전략적 문화 개입으로서, 헤게모니를 쥔 영어 사용국가들과 그들이 다른 나라들과 교류하는 불평등한 문화 교류에 반대한다. 영어로 이국화 번역을 한다는 것은 민주적인 지정학적 관계의 이익을 위해, 자기민족주의, 인종주의, 문화 나르시시즘, 제국주의에 대항하는 일종의 저항이라 할 수 있다.[12]

베누티는 영미권에 널리 퍼진 번역 현상인 자국화 번역을 비판하는데, 그것은 영어권 독자가 즉시 알아보고 이해할 수 있도록 막힘없이 매끄럽게 옮긴 유창한 번역을 가리킨다.[13] 번역가는 가독성을 위해 언어적이든 문화적이든 원본의 이국성을 지우며 외국어 원본을 자국화하여 자신의 것으로 만든다. "투명성이라는 환상"[14]을 만들어 내어 번역가의 개입을 숨기고 나아가 서구 문화 제국주의를 공고히 한다. 그 결과 번역가는 눈에 띄지 않고, 그 유창하고 자연스러운 번역은 사실 번역이 아니라 처음부터 영어로 쓴 원본이라는 환상을 독자에게 심어준다.

이러한 전통에 맞서 베누티는 "번역의 자기민족중심적 폭력을 제지"[15]하고, 외국 텍스트의 차이나 특징을 앞으로 드러내는 '이국화 번역'을 지지한다. 그것은 "오직 영어 도착어권에 만연한 문화적 코드를 교란할" 수 있을 때만 가능하다.[16] 일견 외국 텍스트를 이국화하는 것은 창조성이 없는 어색한 번역, 즉 직역을 의미하는 것처럼 보이나, 베누티는 역설적으로 창조성의 중요성을 강조한다. 그에 따르면 유창함은 그저 포기해야 하는 것이 아니라, "새로운 방식으로 창조"해야 하는 것이다. 이국화 번역가는 가독성을 포기하는 것이 아니고, 번역 투를 양산해 내는 것은 더더욱 아니며, "가독성의 새로운 조건을 창조"하는 것이다.[17]

번역에서 문화 제국주의에 저항하는 다양한 방식들이 있다. 이문열의 『시인』(1991)을 영어로 번역한 안선재와 정종화처럼, 번역가는 서문, 주석, 용어 해설, 지도와 같은 곁텍스트(paratext)를 추가할 수 있다.[18] 그 두 번역가가 *The Poet*(1995)에서 과거 조선과 현재 영미권의 언어 및 문화 사이의 차이를 설명하려 했던 것처럼, 이국화 번역가들은 독자에게 외국어 원본과 문화에 대한 정보를 주려고 한다. 이러한 자료들을 통해 번역가의 존재가 드러나고 도착어권 독자는 원본의 역사적, 문화적 차이를 이해할 수 있게 된다. 아프리카의 번역을 연구한 찬탈 자부스(Chantal Zabus)는 두 가지 방법, 쿠셔닝과 맥락화를 소개한다.[19] 쿠셔닝은 아프리카어 단어 및 구에 익숙하지 않은 서구 독자를 위해 설명어구를 추가하는 것을 말한다. 포스트식민주의 작가 및 번역가 아마두 쿠르마(Ahmadou Kourouma)가 쿠셔닝과 맥락화를 작품에서 많이 사용한 것으로 알려져 있다. 또 다른 번역 기법인 캘킹은 직역을 통해 다른 언어에서 단어를 빌려오는 것을 말하며 도착어의 지배를 무너뜨리는 데 유용하다. 그리고 영어 지상주의를 무너뜨리는 또 다른 중요한 방식이 있는데, 그것은 영어 번역에서 표준 영어 표현을 사용하지 않는 것이다. 마리아 티모츠코(Maria Tymoczko)에 따르면, 원본의 문화를 번역하기 위해서 포스트식민주의 작가/번역가는 영어 단어를 일반적으로 쓰이지 않는 낯선 의미로 사용한다. 예를 들어 응구기 와 씨옹오(Ngaugai wa Thiong'o)는 『한 톨의 밀알(*A Grain of Wheat*)』에서 '섹스하다'를 묘사하기 위해 'taste'를 사용하는데, 이 영어 단어는 원래 '섹스하다'의 뜻으로 쓰이지 않는다.[20] 이렇게 일반적으로 쓰이지 않는 뜻으로 영어 단어를 사용하는 것은 마두 카자(Madhu Kaza) 번역가가 말하는 "환대"의 개념을 잘 보여준다. 이 번역가는 "번역이란 초대하는 사람도 그 만남에 의해 달라져야 함을 인정하는 환대의 실천"이라고 말한다.[21]

번역가들은 이처럼 소수 언어 단어를 유럽 언어에 들여오고, 출발어와 도착어를 통합시키고 '하이브리드' 텍스트를 창조해 낸다. 그렇게 했을 때, 지배 언어의 헤게모니에 저항할 수 있다. 이 탈식민주의 번역 전략은 바스넷이 말하는 "힘을 가진 번역가"(empowered translator)의 이미지와 부합하며, 누군가의 원본을 노예처럼 재생산하는 번역가의 이미지와 거리가 멀다.[22] 스미스는 *Human Acts*에서 쿠셔닝, 맥락화, 캘킹과 같은 탈식민주의 번역 방식을 적재적소에 사용한다. 한국어 원본을 하녀처럼 비굴하게 영어로 재생산하지도, 보이지 않는 번역가로서 자국화하지도 않으면서.

스미스의 탈식민주의 번역, *Human Acts*

스미스는 탈식민주의 번역에 대한 신념을 일관되게 보여주었다. 2019년 2월 29일 한국외국어대학교에 온 스미스는 '탈식민주의 번역' 특강에서 "글로벌 헤게모니와 문화적 고정관념을 타파해야 한다"고 주장하였다.[23] 스미스는 전통적으로 아시아와 아프리카에서 쓰인 작품은 예술이 아니라 문화인류학과 민족지학의 렌즈를 통해 평가되었음을 지적하였다. 이러한 문화 고정관념들이 플롯과 내용에서, 사람들과 장소를 재현하는 부분에서, 또 책 표지와 같은 시각적 이미지에서 작동하고 있음을 번역가들이 인지해야 한다고 주장했다.[24] 또한 영국과 미국에서 출판되는 책들은 백인들이 주로 영어로 번역한다며, 다른 관점을 제공할 수 있는, 다른 배경을 가진 번역가들이 번역 분야에 들어오는 것이 중요하다고 말했다. 스미스는 아시아와 아프리카 작가들이 다양한 방식으로 오해받고 무시당하며 토착민 정보원 정도로 이용되고, 개별적인 관점을 제공하는 것이 아니라 그들의 지역 전체를 "재현"하도록 기대되고 있음을 번역가들은 인식해야 한다고도 말했다.[25]

스미스의 탈식민주의 번역 신념은 교육과 경력에서도 잘 드러난다. 스미스는 아시아, 아프리카, 중동 연구로 유명한, 영국의 소아스 런던대학교에서 석사와 박사 과정으로 한국문학을 공부하였다. 2015년에는 틸티드 악시스 프레스를 창립하였다. 이 출판사는 아시아 및 아프리카 문학의 번역 출판에 주력하고 탈식민주의 번역을 지지한다. 그 후로 스미스는 번역가와 출판가로서 탈식민주의 번역 철학을 계속 지지하고 홍보하였다. 나는 『소년이 온다』 영어 번역이 여러 가지 면에서 탈식민주의에 대한 스미스의 관심과 열정을 잘 반영한다고 생각한다.

어떤 비평가들은 *The Vegetarian*을 포함하여 스미스의 번역이 과하게 시적이고 윤문으로 가득하고, 결과적으로 한국어 원본을 자국화하는 것이라고 주장한다.[26] 사실 앞장에서 언급했듯이 스미스는 직역, 혹은 단어나 문법에 대한 충실성에 반대하고, 내용뿐만 아니라 언어와 문체에도 관심을 기울이는 번역가이다. 그래서 원본의 문체, 질, 효과를 살려내려 하고, 어조, 리듬, 울림에 집중한다.[27] 스미스는 문학 번역은 문자적인 것이 아니라, 문학적인 것이고, 궁극적으로 충실해야 할 대상은 원본의 예술성과 작품성이라고 주장한다.[28] 단어를 선택할 때 얼마나 많은 음절이 있는지, 어떻게 생겼는지 느끼는지 들리는지를, 독자에게 어떤 종류의 함축과 이미지가 떠오를 수 있는지 고려한다.[29]

그러나 중요한 것은 이 중 어떤 것도 스미스가 한국어 원본을 자국화 번역하려고 했다는 것을 의미하지는 않는다는 점이다. 나는 한강 소설의 문학성에 충실하려는 스미스의 노력이 자국화로 잘못 불려지고 있다고 생각한다. 번역가는 『소년이 온다』를 번역할 때 탈식민주의 번역이라는 개념에 무심하지 않았다. 물론 일정 정도는 자국화 번역을 해서 모든 한국 문화 특수 용어를 영어로 살려내지 못했다. 그러나, 문맥과 한국 소설의 문화 전반에 중요하다고 생각되는 것들은 살리려고 노력했다. 사실 다 살릴 수도 없다. 현실적으로 불가능할뿐더러, 다 살려서도 안 된다. 원본의 문화와 역사를 드러내는 데 집중하면, 수많은 설명으로 가득한 사회학, 인류문화학 텍스트가 되거나 어색하고 딱딱한 번역이 되어 '문학성'을 잃어 버릴 위험이 있기 때문이다. 게다가 한국문학이 잘 알려지지 않았던 2016년에 스미스의 영어 번역 *Human Acts*가 출판되었다는 사실을 고려하면 일정 부분은 자국화 번역이 필요했을 것이다. 그렇지 않으면 영미권 독자에게 다가가는 일은 불가능하기 때문이다.

오랫동안 한국문학을 영어로 번역한 안선재는 한국 문화를 번역에서 살리는 것이 중요하다고 지적하면서도, 모든 번역 불가능한 한국 문화의 특수한 용어를 살리는 번역을 "횡설수설"이라고 말한다. 예를 들어 "The *Chonju daek* carried a *chopsi* of *mulmandu* into the *sarangchae*"처럼 번역한다면, 독자는 이해하기 힘들 것이라고 주장한다.[30] 그럼에도 많은 학자들은 한국 문화 고유의 단어 모두를 이국화하지 않았다고 번역가들을 비판한다. 사실 영어로 훌륭한 문학 작품을 창조하고 동시에 영어 헤게모니에 저항한다는 것은 쉬운 일이 아니지만, 나는 스미스가 *Human Acts*에서 두 마리 토끼를 잡는데 성공했다고 생각한다. 번역의 문학성을 유지하려고 노력하면서도, 동시에 문화 제국주의와 영어와 한국어 사이의 불평등한 권력관계를 날카롭게 인지하고, 한국어 원본의 독특한 언어적, 문화적 특징들을 영미권 독자가 직시하게 만들기 때문이다.

탈식민주의를 향한 신념 외에도, 스미스는 다양한 종류의 권력 문제에 민감하다. 자신의 번역은 정치적이라고 주장하며, 학자들이 자신의 번역의 미학성에 과도한 관심을 갖고 있는데 그것은 공정하지 않다며 되묻는다. "사람들이 *The Vegetarian*의 미학에 지나치게 주목하는 것은 어쩌면 정치를 말하는 것을 피하기 위한 방식이 아닐까?"[31] 사실 *The Vegetarian*은 정치적인 글쓰기이다. 앞 장에서 살폈듯이, 스미스는 원본의 젠더 정치에 집중하기 때문이다. *Human Acts*도 스미스가 역자 서문에서 밝히듯이, 여직공을 다루는 부분에서 드러나는 젠더 정치와 고문에서 살아남은 노동자의 계급 정치를 살리는 데 집중한다.[32] 스미스에게 정치, 권력의 문제는 미학성이나 문학적 스타일만큼 동등하게 중요하다.

*Human Acts*에서 첫 번째 탈식민주의 번역 전략으로서 스미스는 5쪽 분량의 긴 역자 서문을 추가한다. 보통 영미권에서는 서문을 달지 않기 때문에 이 선택은 이례적이다. 번역가는 서문에서 한국의 현대사를 잘

모르는 서구 독자를 위해, 5·18 광주 민주화 운동, 한국의 근대화, 박정희 대통령의 독재와 암살, 시민 운동과 시위, 민주화 운동, 한국의 지역 감정에 대해 역사적, 정치적 배경지식을 제공한다. 또한 글쓰기 스타일이나 광주와의 개인적인 인연 같은 한강 작가에 대한 정보를 제공하고, 서울에서 광주가 지리적으로나 심리적으로나 멀리 떨어진 변방에 있음을 설명한다.[33]

이러한 곁텍스트 사용 이외에도 스미스는 여러 가지 방식으로 탈식민주의 관점에서 번역한다. 예를 들어, "태극기"를 "Taegukgi"(p. 17)로 음차하여 살리고, "리"와 "평"을 각각 "ri"(p. 9, p. 10)와 "pyeong"(p. 144)으로 음차하여, 영어 대응어로 대체하지 않는다. 때로 한국어 원본의 스타일 및 문학성에 충실하기 위해, 한국 문화에 고유한 것들의 이름을 살리지 않는 경우도 있지만, 그럼에도 손쉽게 영어 대응어로 대체하거나 생략하지 않는다. 대신 본문 안에서 자연스럽게 그 단어들이 어떤 의미인지 설명하기 위해 단어를 넣는다. 예를 들어, 스미스는 "해장국집"을 "shack," 과 "a bowl of hangover soup"(p. 130)를 사용하여 번역한다. 이지민은 이것을 자국화 번역이라고 주장하지만,[34] 나는 한국의 술 문화를 알려주는 이국화 번역이라고 생각한다. 해장국집이 숙취(hangover)를 풀어 주기 위한 음식을 파는 식당임을 알려주기 때문이다. 스미스는 또한 "선짓국"을 설명하기 위해 단어를 넣어, "the soup"과 "its oily swirls of black oxblood"(p. 131)로 번역하여, 선짓국에 무엇이 들어가는지 어떤 모습인지 설명한다. 이처럼 한국만의 독특한 음주 문화와 음식 문화를 번역에서 살려낸다. 또한 한국의 전통적인 집 "한옥" 역시 설명하기 위해 다음과 같이 맥락화 전략을 번역에서 사용한다. "It was a typical old-style hanok, with the rooms arranged around a central courtyard, sliding paper doors and a tiled roof"(p. 203). 이를 통해 한옥의 중요한 특징들, 마당, 미닫이문, 기와지붕을 영미권 독자에게 알려준다.

스미스는 태어나자마자 한 살이 되는 한국의 독특한 나이 세는 방식도 존중한다. 그래서 원본에서는 정대의 나이가 16살인데, 번역에서는 한 살 줄여 15살로 번역한다. 게다가 한국어를 직역하여, 영미권 독자에게 낯선 한국어 특유의 관용표현이나 아이들 놀이를 번역에서 살린다. 예컨대, 스미스는 정대의 누나 정미의 "열무처럼 가는 종아리"를 "legs as skinny as young radishes"(p. 172)로 표현을 그대로 유지한다. 출판사에서 일하는 김은숙이 경찰서에서 뺨을 맞는 장면에서, 스미스는 "쥐도 새도 모르게 죽기 싫으면 내 말 들어"를 "Listen to what I'm telling you, if you don't want to die in some ditch where not even the rats and crows will find you"(p. 72)로 번역한다. 한국어 관용 표현, "쥐도 새도 모르게"의 뜻을 최대한 살려서 "rats and crows"를 넣어 유사하게 번역한다. 또한 스미스는 몸(body)과 자신(self)을 구분하기 위해 '몸'이 들어가는 독특한 한국어 표현을 유지하려 했다고 말한다.[35] 영어는 'body'라는 말이 불필요해서 잘 사용하지 않고, 대신 'turn to the left'나 'lean against a wall'이라는 표현을 쓰지만, 한국어는 '몸을 돌리다'나 '몸을 기대다'에서처럼 '몸'이라는 단어를 자주 사용한다는 것이다. 4장의 화자가 고문 받는 장면에서 스미스는 영미권 독자에게는 다소 어색할 수 있지만, '몸'을 살려 "when this body writhes and contorts and the words spew from its lips"(p. 127)로 번역하여, '몸'을 역겹고 냄새나는 살덩어리라는 점을 강조하였다.[36] 마찬가지로 한국 특유의 숨바꼭질 놀이, "무궁화꽃이 피었습니다"를 "the hibiscus has blossomed"(p. 193)로 캘킹한다. 이러한 한국식 표현을 문자 그대로 번역하여 한국의 고유한 언어적, 문화적 특징들을 강조하고 영어 번역에 새로운 표현을 창조해 낸다. 이러한 표현들이 다소 이상해 보일 수 있지만, 서구 독자는 문맥에서 의미를 파악하고 한국의 언어와 문화에 자연스럽게 노출된다.

그렇다면 스미스는 어떻게 한국의 고유한 호칭과 한글을 번역하였을까. 사실 호칭은 문화마다 다르기 때문에 번역이 상당히 까다롭다. 예를 들어, 한국 문화에서는 나이 서열이 강해서 존칭이 발달해 있고, 나이가 어린 사람은 많은 사람에게 존칭을 사용한다. 그래서 나이가 더 많지만 친한 사람들을 부르는 독특한 방식이 있다. 사실 엄밀히 말하면 한국 문화에서 '친구'는 동년배를 일컫고, 나이 차이가 나는 친구는 이론적으로는 존재하지 않는다. 영미권 문화와 달리, 한국에서는 나이 많은 사람에게 이름이나 대명사 '너'로 부를 수 없는데, 무례하게 들리기 때문이다. 대신 사람들은 친한 사람을 부르기 위해서 언니, 누나, 형, 오빠와 같은 가족에게 쓰는 호칭을 가져다 사용한다. 이 호칭들은 형제, 자매에게서 느낄 수 있는 정과, 혈연관계가 아닌 개인들 사이의 가까운 관계를 표현한다. 중요한 것은 이 호칭에 서열이 존재하지만, 가족적인 의미에서라는 점이다. 나이가 많은 사람이 반말을 사용하고 어린 사람을 챙기고 보호하고, 어린 사람은 나이 많은 사람을 따르고 의지해서 존댓말을 사용하기로 서로 합의하기 때문이다. 따라서 이러한 호칭 번역은 영미권 문화에는 없는, 한국의 독특한 우정의 성격과 관계를 보여주는 데 중요하다. 『소년이 온다』 원본에서도 그러한 한국 고유의 우정이 나온다. 희생자들과 생존자들이 마치 가족처럼 나이 많은 사람들을 누나, 형이라고 부르고, 나이 어린 동생을 챙겨 주면서, 끈끈한 감정적 유대가 중요한 요소로 작동한다. 이 우정이 작품 안에서 중요하기 때문에, 번역가는 어떻게든 이 번역 불가능한 영역에 도전해야 하는 과제가 주어진다.

먼저 스미스는 원본의 '언니'라는 호칭을 생략하거나 도착어의 비슷한 표현으로 대체하지 않는다. 대신 쿠셔닝을 통해, 즉 음차를 하고 설명을 해서, 영어와 한국어가 함께 존재하는 하이브리드 텍스트를 만든다. 예를 들어, 5·18 민주화 운동의 희생자인 선주가 공장 다닐 때 알고 지냈던 성희를 부를 때, 스미스는 다음과 같이 번역한다. "You wrote to her, calling her *onni*, older sister. *I'm getting on fine,* onni"(p. 164). 번역가는 한국어 "언니"를 이탤릭체로 "*onni*"로 음차하고 "older sister"를 넣어 쿠셔닝한다. "언니"가 어떤 의미인지 어떻게 기능하는지 설명하기 위해서이다. 그래서 원본의 두 여성 사이에 나이 서열이 있지만 끈끈한 가족과 같은 관계가 영어 번역에 담긴다. 이 호칭은 선주가 성희를 만나러 병원에 가는 길에 또 한 번 나온다. 선주는 생각한다. "*There's only one thing for me to say to you,* onni"(p. 184). 여기서 스미스는 원본에 나타나는 자매

애를 보존한다. 그러나 이번에는 음차만 하고 "언니"가 무슨 뜻인지 설명하지 않는데, 이미 앞에서 설명이 되었기 때문이다.

마찬가지로 진수가 남자 화자를 부르는 장면에서 스미스는 "형"을 "Hyeong"으로 음차하여 살리고 무슨 뜻인지 설명한다. "Wordlessly, I filled his glass. 'But I don't have those thoughts any more. I'm worn out.' *Hyeong*, he called me. Brother"(p. 133). 여기서 한국어 단어 '형'을 'brother'로 쿠셔닝한다. 스미스는 한국어 원본의 두 남자 생존자 사이의 나이 서열이 있지만 돈독한 형제애 같은 것을 번역에 담는다. 진수는 나이가 더 많은 화자에게 의지하고, "형"이라고 부른다. 마치 어린 남동생이 친형에게 하듯이. 이 호칭의 존칭이 마지막 장, 작품 속 작가의 막냇삼촌이 아버지를 부르는 장면에서 이탤릭으로 재등장한다. "Please, *hyeong*, be careful"(p. 205). 여기서는 "형님"이 무슨 뜻인지 설명하지 않는데, 이미 설명이 되었기도 하지만 문맥에서 충분히 유추할 수 있기 때문이다. 사실 언니나 형 같은 호칭들이 한강의 소설에 자주 나오지만, 가독성을 위해 매번 일일이 번역할 수 없다. 그래서 스미스는 "형"이나 "누나"가 원본에 나올 때마다, 항상 음차하지는 않지만 'older than'을 넣어 나이가 더 많다는 것을 밝히기도 한다. "on top of him a boy, older than me"(p. 50)와 "There were two women, both a few years older than you"(p. 13)에서 알 수 있다. 이러한 방식으로 스미스는 위 한국어 단어의 감정적 깊이를 번역할 수 없는 '영어의 무능력'을 강조한다.

한국 문화에서 또 다른 종류의 흔한 호칭이 있는데, 그것은 바로 상대에게 존경을 표하기 위해 사용되는 "선생"이다. 종종 나이가 더 많고 공적인 영역에서 사용된다. 이 단어는 일차적으로 학교 선생, 또는 학식이 뛰어난 사람을 가리키지만, 타인을 높여 부를 때 성이나 직함과 함께 사용된다. 스미스는 나이가 어린 동료가 선주를 부르는 장면에서 이러한 한국의 특수한 호칭을 다음과 같이 살린다. "They address you using the honorific *seonsaeng*, but you respond with equally polite language, maintain a respectful distance"(p. 155). "*seonsaeng*" 앞에 "honorific"을 추가하는데, 그 단어가 누군가에게 존경을 표하기 위해 한국에서 쓰이는 것을 설명하기 위해서이다. 스미스는 이 호칭을 생략하거나 도착어권에서 사용되는 'Madame'과 같은 대응어로 쉽사리 대체하지 않는다. 이렇게 한국어 표현을 자신의 번역에 들여오고, 한국어 원본의 언어와 문화에 새겨진 관계의 서열을 드러내는 목표를 달성한다.

또한 스미스는 한국어에 사용되는 한자와 한글을 중요한 부분으로 인식한다. 선주가 공장 동료들과 함께 한자를 공부하는 장면에서 한자를 'Chinese Characters'로 번역하지 않고, "hanja"로 음차하여 번역한다.

> **한자** 공부를 할 거란 성희 언니의 말에 당신은 별다른 두려움 없이 그 모임에 들어갔었다. 실제로 언니들은 모이자마자 **한자**부터 공부했다.
> (『소년이 온다』 155쪽, 인용자 강조)

You had no particular apprehensions when you started attending those meetings, given that all Seong-hee said about them was that they were for studying **hanja**. And technically this was true; you and the other women really did study **hanja** each time you met. (*Human Acts* pp. 161-162, 인용자 강조)

스미스는 한국에서 사용되는 한자가 무엇인지 추가로 설명하지 않는데, 교육받은 사람들이 사용하는 문자라는 사실이 바로 다음 문장에 나와서, 그대로 번역하기만 하면 되기 때문이다. "We have to know 1,800 characters if we want to read a newspaper properly"(p. 162). 또한 번역가는 선주가 성희에게 편지 쓸 때, 원본에는 없지만 내포되어 있는 한글을 'the Korean alphabet'으로 번역하지 않고, 음차해서 "hangeul"을 사용한다. 스미스는 "기술, 인내심 같은 단어들은 소모임에서 배웠던 한자로 반듯하게 획을 살려 썼다"(157쪽)를 "For words like 'technique' and 'patience,' you made the effort to write the hanja **rather than just relying on the phonetic hangeul alphabet"**(p. 164; 인용자 강조)으로 번역한다. 스미스는 한글과 한글의 음성적 특징을 서구 독자에게 소개하기 위해 강조된 볼드체 부분을 추가한다. 그래서 *Human Acts*는 영어로 쓰여 있지만, 한국 소설의 번역이지, 처음부터 영어로 쓴 작품이 아님을 독자에게 상기시킨다.

그러나 나는 스미스가 영어 지상주의에 맞서 한글의 특징을 보여주고자 노력한 것 중, 다음의 예가 가장 으뜸이라고 생각한다. 기역 자로 구부러진 동호의 할머니 허리를 묘사하는 장면이다.

> 어려서 외가에 가면, 네가 기억하는 한 언제나 **허리가 기역 자로 구부러져 있던** 외할머니는 따라오니라, 가만히 말하곤 앞장서서 걸어갔다. 광으로 쓰이는 어둑한 방으로 너는 따라 들어갔다. (『소년이 온다』 23쪽, 인용자 강조)

> Your childhood visits to her home inevitably included a quiet follow me as the elderly woman, **her back bent into the shape of the letter ㄱ,** led the way to the dark room that was used as a pantry. (*Human Acts* p. 24, 인용자 강조)

여기서 스미스는 영미권 독자들은 알 수 없는 한글 자음 ㄱ을 그대로 영어 번역에 포함시킨다. 따라서 할머니의 구부러진 허리를 생생하게 묘사하면서도 한글 자음을 서구 독자에게 소개한다. 이것이 가능한 이유는 서구 독자가 이 자음을 몰라도 그 모양을 통해 할머니의 굽은 등을 시각적으로 상상할 수 있기 때문이고, 스미스는 그 기회를 잘 활용한다. 이러한 대담하고 창의적인 번역은 조금은 다른 방식으로 나중에 행렬 속의 노파가 등장하는 장면에서 다시 나타난다. "Passed from one dangling hand to another, the skeleton eventually reaches the old woman at the head of the procession, her back so bent that it resembles the letter ㄱ"(p. 107). 이렇게 스미스는 로마자를 사용하지 않고 의도적으로 영어 텍스트에 낯설은 한글 자음을 사용하여, 영어 헤게모니에 문제를 제기하며 자신의 영어 번역에 '혼종성'을 창조한다.

*Human Acts*에서 또 다른 중요한 탈식민주의 번역 방식은 스미스가 한국의 현대사에 대한 역사적, 정치적 정보를 빈번하게 추가한다는 것이다. 소설이 광주 민주화 운동을 다루기 때문에, 한국 역사를 모르는 서구 독자가 이야기를 따라가도록 돕는 것이 필요하다. 그러나 중요한 것은 영미권 독자가 소설을 이해하는 데 필요하지 않아도, 스미스가 의도적으로 아주 자세한 정보를 넣는다는 사실이다. 이것은 번역가가 단순히 영어권 독자에게 소설을 이해하도록 돕는 것이 아니라, 한국의 역사적 현실을 인식하도록 장려하거나 심지어 강요하기 위해서라는 것을 보여준다. 사실 영미권 독자들은 자국화 번역을 선호하고 상대적으로 타 언어를 배우고 타 문화를 아는 데 관심이 많지 않은 것으로 잘 알려져 있다.

스미스의 *Human Acts*는 한국어 원본의 문화적, 역사적 차이를 핵심 요소로서 드러내고 전달하려고 노력한다. 먼저 번역가는 중요한 역사적 인물에 대한 정보를 자세하게 제공한다. 예를 들어, 번역가는 성희가 공장 동료에게 노동법을 가르치는 장면에서 한국의 노동운동에서 중요한 열사의 이름, "Jeon Tae-il"(p. 162)을 번역에 추가한다. 한국어 원본, "이 법을 위해 죽은 사람이 있어"(155쪽)는 누가 노동법을 위해 죽었는지 명시하지 않는다. 사실, 영미권 독자들은 이 죽은 열사가 누구인지 몰라도 이해하는 데 어려움이 없다. 그러나 번역가는 영미권 독자가 변방의 나라 한국의 역사를 주목하도록 강요하는 것으로 보일 만큼 의도적으로 이러한 정보를 본문에 넣는다.

스미스는 또한 광주 민주화 운동과 관련된 두 명의 전직 대통령을 상세하게 설명한다. 정부가 파업을 막기 위해 구사대들을 직접 교육하고 지원했다는 사실을 선주가 알게 되는 장면에서, 번역가는 독재자 박정희의 이름을 넣고 자세한 설명을 추가한다.

> 중앙정보부가 구사대들을 직접 교육하고 지원하고 있다는 것을, 그 폭력의 정점에 **군인 대통령**이 있다는 것을 잊지 않았다. (『소년이 온다』 157쪽, 인용자 강조)

> You never forgot that the government actively trained and supported the strike-breakers, that at the peak of this pyramid of violence stood President **Park Chung-hee himself**, an army general **who had seized power through a military coup** (p. 165, 인용자 강조).

볼드체로 된 부분을 스미스는 추가하고 그 대통령의 이름이 박정희이고, 쿠데타를 통해 권력을 잡게 된 사실을 강조한다. 한국어 원본은 오직 두 단어, "군인 대통령"(157쪽)이라고만 되어 있다.

또한 공장 다니는 원본에서 정미가 "세상이 바뀌어, 인제부턴 함부로 잔업을 못 시킨대."(38쪽)라고 짧게 말하는 장면에서, 스미스는 박정희에 대한 설명을 번역에 추가한다. "The world's changed **since they assassinated President Park. The labour movement's gathering strength,** and now our bosses can't force us to work overtime anymore"(p. 41, 인용자 강조). 스미스는 박정희 대통령의 암살로 세상이 바뀌고, 노동운동이 힘을 얻어 잔업을 강제할 수 없다는 사실을 볼드체 글을 넣어 설명한다. 악명 높은 또 다른 역사적 인물 전두환에 대한 정보도 추가한다. 5·18 광주 민주화 운동에 책임이 있는 것으로 알려진 당시의 대통령이다. 원본에는 "젊은 소장"(158쪽)으로 짧게 나오지만, 번역가는 자세하게 내용을 추가하여 "**the seemingly inexorable rise of Chun Doo-hwan**, the young general"(p. 165, 인용자 강조)이라고 번역한다.

스미스는 역사적 인물 이외에도 원본에 담겨 있는 역사적 사건들을 설명하기 위해 내용을 추가한다. 예를 들어 선주가 박정희의 '긴급조치 9호'의 의미를 마침내 이해하는 장면에서, 번역가는 "which severely penalized not only calls to repeal the Yushin constitution but practically any criticism of the government"(p. 165)를 추가한다. 이는 긴급조치 9호가 유신헌법을 무효화하려는 요구나 정부 비판은 무엇이든 처벌하려 했음을 설명한다.

또한 번역가는 한강 작가를 상징하는 작중 '작가'가 TV로 건물이 불타는 것을 보고 충격받는 장면에서 최근 사건을 위한 맥락을 제공한다.

2009년 1월 새벽, 용산에서 망루가 불타는 영상을 보다가 나도 모르게 불쑥 중얼거렸던 것을 기억한다. 저건 광주잖아. (『소년이 온다』 207쪽)

In January 2009, **when an illegal raid by riot police on activists and tenants protesting their force eviction from central Seoul left six dead,** I remember being glued to the television, watching the towers burning in the middle of the night and surprising myself with the words that sprang from my mouth: *But that's Kwangju.* (*Human Acts* p. 215, 인용자 강조)

원본은 짧게 사건 발생 장소 '용산'이란 말만 나오지만, 스미스는 볼드체 글을 추가하여 경찰들이 활동가와 세입자를 강제 진압한 사실과 6명이 희생되었음을 상세하게 설명하며 이국화한다. 빈번하게 맥락을 제공하고 역사적 정보를 추가하면서, 스미스의 영어 번역은 원본보다 한국의 역사적 사건을 설명하는 더 길고 더 자세한 글이 된다. 이렇게 탈식민주의적 관점에서 내용을 추가하는 행위에서 스미스의 정치적 입장, 즉 노동운동을 강조하고 독재와 폭력을 반대하고 있음을 알 수 있다. 스미스는 원본의 주제의식을 살려, 5·18 광주 민주화 운동을 둘러싼 정치적 폭력에 대한 트라우마와 저항을 강화하는 한편, 동시에 베누티가 지적한 영미권 세계의 문화 제국주의에 내재한 "번역의 자기민족중심적 폭력을 억제"[37]하고자 한다.

지금까지 살펴본 스미스의 탈식민주의 번역은 영미권 제국주의의 문화 권력 서열을 따르지 않고, 교란하는 문화 전파의 모델이라는 점에서 중요하다. '한류'로 알려진 한국의 대중문화는 지난 10여 년간 전 세계적으로 힘을 얻고 있다. 『채식주의자』가 영역되어 맨부커 국제상을, 봉준호의 〈기생충〉이 칸 영화제와 아카데미에서 상을 받았고, 넷플릭스 〈오징어 게임〉과 BTS의 글로벌 성공에서 알 수 있다. 최근에는 한강의 노벨 문학상 수상까지 더해져 전 세계가 한국을 주목하고 있다. 스미스의 *Human Acts*는 의도적으로 문화 제국주의를 전복하는데, 한국의 언어적, 문화적, 역사적 차이들, 특징들을 앞으로 드러내려는 번역가의 창조적인 노력에서 확인할 수 있다. 스미스는 언니, 형, 선생, 한글과 같은 한국의 고유한 문화적 용어를 쿠셔닝하고, 맥락을 제시하고 직역을 하면서, 동시에 역자서문이나 본문에서 역사적인 정보를 가능한 만큼 제공한다.

이러한 방식으로 스미스는 한국어 단어와 문화를 자신의 영어 번역에 들여오고, 한국인의 경험, 문화, 지식의 다양성을 중요한 요소로 강조한다. 그 결과 서로 다른 문화가 공존하는 하이브리드 텍스트, 즉 호미 바바(Homi Bhabha)가 말하는 "사이의 공간"이나 "제3의 공간"[38]을 창조해 낸다. 베누티의 개념을 이용하자면 *Human Acts*는 일종의 이국화 번역으로서, 헤게모니를 쥔 영어 사용 국가들과 그 나라들이 다른 나라들과 교류하는 불평등한 문화 교류에 반대하기[39] 때문이다. 스미스는 한국어와 영어 사이의 불평등한 권력 관계를 인지하고, 소수어인 한국어를 억압하는 영어의 패권주의에 저항한다. 번역의 역할은 한국이라는 문화적 타자에 대한 접근을 허용하는 것이라고 굳게 믿는다. 소수 언어의 문화적 차이를 재현하는 번역가의 노력으로 *Human Acts*는 윤리적 번역의 형태를 띠게 되고, 베누티가 비판하는, 영미권에 만연한 자민족중심주의, 인종주의, 문화 제국주의에 저항하려 한다는 점에서 우리의 관심을 끈다.

제5장

번역과 문화 제국주의 II

신경숙의 『엄마를 부탁해』 영어 번역은 어떻게 '베스트셀러'가 되었는가

신경숙의 한국 소설 『엄마를 부탁해』(2008)는 2010년대 초 30여 개 언어로 번역되어 출판되었다.* 그중에서도 김지영이 영어로 번역한 *Please Look after Mom*은 영미권 대중 독자의 많은 관심을 받고 베스트셀러가 되었다는 사실에서 주목할 만하다. 2016년 *The Vegetarian*의 맨부커 국제상 수상, 5년 전의 일이다. 2011년 대형 출판사인 랜덤 하우스의 자회사인 크노프에 의해 처음 출판된 이 영어 번역은 같은 해 4월 인터넷 서점 아마존의 '이달의 좋은 책'으로 선정되었다. 《뉴욕 타임즈》와 《워싱턴 포스트》와 같은 미국의 주요 언론매체에서 비중 있게 다루어졌

* 이 글은 2013년 『세계문학비교연구』 42호에 출간되었던 나의 논문 〈Popularizing Shin Kyung-sook: *Please Look after Mom*〉을 현재 시점에서 대폭 수정하여 우리말로 다시 쓴 것이다.

으며, 2011년 맨 아시아 문학상을 수상하기도 하였다. 그 성공에 힘입어 2012년 빈티지 북스에 의해 페이퍼백 에디션이 출판되었다.

*Please Look after Mom*은 한국문학번역원이나 대산문화재단의 지원을 받고 영어 및 다른 언어로 번역되는 많은 한국문학 작품 중의 하나였다. 한국문학이 맨부커 국제상 최종 후보에 종종 오르고 세계적인 주목을 받고 있는 최근의 관점에서 보면, 이 영어 번역의 성공은 그다지 대수롭지 않은 일일 수 있다. 그러나 한국문학이 변방의 문학으로 세계에 잘 알려져 있지 않던 당시 2010년대 초반을 생각하면, 한국 소설이 처음으로 미국의 대중과 언론으로부터 주목을 받은 이 사건은 그 누구도 예상하지 못한 놀랍고 또 반가운 일이었다. 권영민이 지적하듯, 당시 한국문학의 영어 번역들은 보통 비평가나 대중에게서 충분한 주목을 받지 못하고 시야에서 사라졌다. 이러한 현상은 독일어 번역과 프랑스어 번역과 같은, 더 성공적인 유럽의 한국문학 번역과 대조적이었다.[1] 사실 지원을 받고 번역이 되어도 영미권에 출판을 하는 일은 쉽지 않았다. 그런데 왜 김지영의 영어 번역은 미국에서 베스트셀러가 된 것일까. 왜 당시 다른 한국작품의 영어 번역들과 다른 운명을 걷게 된 것일까. 분명 대형 출판사의 참여와 마케팅, 홍보, 미디어의 수용과 같은 여러 외부적 요소들이 도움이 되었겠지만, 신경숙의 소설을 영어로 옮긴 김지영의 번역 방식과 곁텍스트와 같은 텍스트 내적인 부분도 중요한 기여를 했을 것이다. 나는 이 글에서 그 부분에 주력하고자 한다.

김지영의 번역이 성공을 거두자, 당시 학자들은 많은 관심을 가졌다.

예를 들어, 이형진은 김지영의 영어 번역을 리뷰한 영어 서평에서 번역가의 비가시성에 대해 연구하였다.[2] 정호정은 신경숙의 작품이 어떻게 수용되었는지 살피고,[3] 김영신은 번역가의 자국화 번역과 비가시성에 대해 연구하였다.[4] 이들 학자들은 대개 번역가가 잘 드러나지 않는 김지영의 영어 번역이 자국화 번역임을 주장하면서, 얼마나 한국어 원본에서 멀어졌는지, 충실하지 않은지에 초점을 맞추고, 한국의 문화적 요소를 삭제하고 있음을 우회적으로 비판했다. 결국 이형진이 주장하듯이, *Please Look after Mom*도 스미스의 *The Vegetarian*처럼 오역 논쟁에 휘말렸던 것이다.[5] 그러나 나는 김지영의 자국화 번역을 다른 관점에서 보고자 한다. 즉 한국문학이 세계 무대에서 무명이었을 때 영미권 독자에게 다가가기 위한 불가피한 현실적인 전략으로 접근한다.

김지영의 대중화 번역은 펭귄 클래식 시리즈의 창립 편집장이며, 호메로스의 『오디세이아』와 『일리아드』를 영어로 번역한 E. V. 리유(Rieu)의 번역을 연상시킨다. 리유는 20세기 중반 영국에서 두 서사시를 소설로 변형시키고 고전문학을 처음 베스트셀러로 만들었다. 특히 *The Odyssey*(1946) 번역은 일반 독자 사이에서 큰 인기를 누렸다. 고전이 대중에게 사랑을 받은 경우는 전례 없는 일이었다. 오랫동안 호메로스의 서사시는 고전 교육을 받은 소수 특권층의 전유물이었기 때문이다. 그러나 리유는 일반 독자가 즐길 수 있도록 번역하여 특권층으로부터 호메로스를 해방시켰다.[6]

이 챕터는 한국어 원본 『엄마를 부탁해』가 어떻게 영미권에서 모성이라는 보편적 주제를 지지하는 '대중적' 감상 소설이 되었는지 검토할 것이다. 베누티의 자국화 번역이 핵심적이다. 미국에서 신경숙의 소설을 대중화하기 위해, 김지영은 모성 서사를 다루는 동아시아 원본을 자국화하여 한국 문화의 특수성을 드러내지 않았고, 평이한 단어와 짧은 문장을 사용하며 문단을 재구성하였으며, 이국적이고 독특한 책 표지를 선정하였음을 주장하고자 한다. 다시 말해 나는 이 글에서 어떻게 신경숙의 한국 소설이 영미권 대중 독자에 다가가기 위해 다시 쓰였는지, 김지영의 영어 번역 전략을 당시 글로벌 성공을 이해하는 수단의 관점에서 살펴볼 것이다.

자국화 번역 — 한국의 엄마에서 미국의 엄마로

"엄마를 잃어버린 지 일주일째다."(10쪽)로 시작되는 신경숙의 『엄마를 부탁해』는 서울역에서 실종된 엄마를 다룬다. 가족이 엄마를 찾아 나서면서 엄마의 숨겨진 삶과 가족과의 관계가 독자에게 드러난다. 이야기는 딸, 장남, 남편, 엄마 자신의 네 가지 관점에서 전개되며, 독자는 엄마의 희생과 헌신, 자식과 남편을 향한 사랑을 엿보게 된다. 모성이라는 보편적인 주제가 이 한국소설 전면에 등장하며, 김지영의 영어 번역에서도 마찬가지다. 영미권 독자들은 다음과 같이 주목한다. 이 책은 "인간의 삶, 똑같이 현대 미국에 의미 있는 삶의 보편적인 이야기이다"(*Amazon*). 인기 작가 아브라함 베귀즈(Abraham Verghese)도 비슷하게 많은 사람에게 낯선 문화로 떠나는 깊이 파고드는 감정의 여행이 있지만 "어필하는 주제는 보편적"이라면서 낯선 한국 문화보다는 보편성을 주목한다. 그리고 그것은 한국인만이 아닌, 미국인, 세계인이 공감할 수 있는 모성 서사를 가리킨다. 많은 문학 리뷰는 신경숙의 소설을 모성을 그려내는 이야기로서 찬사를 아끼지 않는다. 예를 들어 "모성이라는 놀라운 특성", 예기치 않은 희생, 숨겨진 것들을 그려내는 감동적인 묘사(*Elle*)라고, 모성의 신비에 바치는 진정한 헌사(*The New York Times Book Review*)라고 평한다. 이 글로벌 인기의 원인은 쉽게 알 수 있다. 신경숙의 빠져드는 소설이 우아함과 서스펜스로 가득 차 있을 뿐만 아니라 보편성을 활용한다는 것이다. 어머니와 자식 사이의 그 불공평한 관계를 다룬다(*Bookpage*)고, 신경숙은 가장 위대한 미스터리, 즉 엄마의 부재가 아니라 엄마는 정말로 누구였는지를 통찰한다(*Richmond Times-Dispatch*)고 칭찬한다. 모성이라는 주제가 미국에서 신경숙의 소설이 인기 있는 이유를 상당 부분 설명한다고 볼 수 있다. 그러나 신경숙 소설에 등장하는 '한국 엄마'는 김지영의 영어 번역에서 '엄마'는 부각되지만 '한국'은 눈에 띄지 않는다. 김지영 번역의 핵심은 자국화 번역이기 때문이다.

미국 시장에서 멀리 떨어진 변방의 한국 소설을 대중화하기 위해, 김지영의 번역은 원본의 한국 문화적 요소를 축소시키면서, 이 보편적인 모성 주제가 부각된다. 사실 *Please Look after Mom*은 한국어 원본이 영어권 독자의 특정 요구를 만족시키기 위해 수정되는 '자국화' 번역의 전형적인 예시라고 할 수 있다. 고은 시인을 번역한 것으로 잘 알려진 안선재는 김지영의 번역이 극단적인 자국화 번역이라고 주장한다. "미국에서의 성공은 번역의 정확성과는 크게 상관이 없다. 많은 한국인들이 많은 미국인들과 같고, 그들은 오래 고통받는 영웅적 어머니라는 인물에 대한 신파 소설을 좋아한다는 사실을 주로 보여준다."[7]

제4장에서 언급했듯이, 자국화 번역은 두 언어 사이에 권력 불평등이 나타나 지배 언어가 소수 언어에 영향력을 행사할 수 있는 상황과 관련된다. 예를 들면 한국 소설을 영어로 옮길 때, 한국어가 소수 언어로서 세계에서 가장 강력한 언어인 영어에 의해 휘둘리게 되고 그 결과 영어 중심으로 번역하게 되는 경우를 가리킨다. 베누티는 이러한 번역을 자국화 번역으로 정의한다. 그에 따르면, 자국화 번역은 오랫동안 영미권에서 지배적이었는데, 유창성, 가독성, 투명성, 번역가의 비가시성이 주요 특징이다. 외국 텍스트를 영어로 번역할 때, 번역된 텍스트는 "산문이든 시이든 픽션이든 논픽션이든 유창하게 읽힐 때 대부분의 출판사, 평론가들과 독자들에 의해 적합하다고 평가받는다."[8] 영어권 독자가 즉시 알아보고 이해할 수 있고 매끄럽게 옮기는 이 유창한 번역은 언어적이든 문화적이든 소수어 원본의 이국적인 특징을 없애고 영미권 독자가 이해하기 쉽도록 투명성을 지향한다. 유창한 번역은 "투명성이라는 환상을 만들어서 사실은 외국 텍스트에 편파적인 해석, 편파적인 영어권 가치를 새겨 넣는데도 진정한 의미 대응으로 가장한다."[9] 그리하여 영미권의 자국화 번역은 문화 차이를 지우고 소수어 문화 또는 문화적 타자를 무시하거나, 외국 텍스트에 내재한 가치를 영미권의 가치로 대체, 동

화시킨다고 볼 수 있다. 이 과정은 소수어 문화에 폭력적이고 비윤리적일 수 있다. 베누티가 주장하듯이, 이런 과정에서 번역가는 "투명 인간"이 된다. "번역 작품이 더 유창하면 유창할수록, 번역가는 더 눈에 띄지 않는다."[10] 그 결과 외국 텍스트를 영어로 번역한 것이 아니라, 처음부터 영어로 쓰인 것 같은 착각을 독자에게 불러일으킨다.

반대로 이국화 번역은 앞서 다룬 스미스의 *Human Acts* 번역 논의에서도 알 수 있듯이 외국 원본 텍스트와 문화를 존중하고 차이를 드러낸다. 베누티는 이러한 번역이 오직 영어 "도착어에 만연한 문화적 코드를 교란함으로써만이 외국 텍스트의 차이를 드러내고 민주적인 지정학적 관계의 이익을 위해, 자기민족주의, 인종주의, 문화 나르시시즘, 제국주의에 대항하는 일종의 저항"이라고 주장한다.[11] 예를 들어 이문열의 소설 『시인』을 안선재와 정종화와 함께 번역한 *The Poet*은 한국 작가로서 이문열의 특수성을 보여준다.[12] 과거 조선과 현재 영미권 언어와 문화 사이의 차이를 설명하여 영어지상주의에 저항한다. 나는 앞에서 스미스의 *Human Acts*도 이러한 이국화 번역을 실천하였다고 주장했다.

미국에서 태어나고 자란 김지영 번역가는 신경숙의 『엄마를 부탁해』 이외에도 이동하의 『장난감 도시』(2007), 김영하의 『빛의 제국』(2007), 조경란의 『혀』(2007), 정유정의 『종의 기원』(2016) 등을 번역했다. 최근에는 천명관의 『고래』(2004)를 번역한 *Whale*(2023)이 2023년 부커상 국제 부문 최종 후보에 오르며 주목을 받았고, 대표적인 한국문학 번역가라 할 수 있다. 2011년 김지영은 신경숙의 소설을 번역할 때 베누티의 자국화 번역을 추구했고, 그 이유를 다음과 같이 밝힌다.

> 사실, 대다수 미국인은 우연하게나마 한국 소설 한 권 제대로 읽어본 적이 없다. 미국인들은 번역서 읽기를 달가워하지 않는 걸로 유명하다. 전체 출간도서 가운데 문학 번역서는 1%에 지나지 않는다. 미국에서 한국 작가는 말할 것도 없이, 아시아 작가의 출간 사례가 얼마나 적은지 짐작할 수 있다. **한국어의 구조와 한국의 문학 전통 그리고 문화는 일반 미국인들에게 너무 이질적이고 낯설다. 나는 독서 경험을 방해할 만한 장벽을 허물어서 새로운 독자들이 한국문학을 즐길 수 있게 하는 것이 중요하다고 생각한다.**[13](인용자 강조)

번역가는 "한국어의 구조와 한국의 문학 전통 그리고 문화"가 일반 미국인들에게 너무 "이질적이고 낯설"은 "독서 경험을 방해할 만한 장벽"으로 보았다. 한국 문화의 이질성을 최대한 줄이지 않으면 일반 미국인 독자에게 외면당할 것으로 생각한 것이다. 그 장벽을 허물고 미국 독자들이 "한국문학을 즐길 수 있게" 노력한 것이고, 그 노력은 결실을 맺었다. 일부 서평이 지적하듯이 김지영의 번역은 "흠 없이 매끄러운"(*Times Literary Supplement*) 텍스트가 되었고, 번역가는 "번역을 훌륭하게 해냈고 원래 영어로 쓰인 것처럼 보이게 만들었다"(*Amazon*). 김지영 번역가는 "번역할 때 영어로 쓴 것처럼 읽히도록 하는 것이 가장 중요한 것 같다고, 영어로 쓰인 것 같다는 이야기를 들을 때 가장 보람을 느낀다"고 말한다.[14]

먼저, *Please Look after Mom*에서 김지영은 한국 문화를 잘 모르는 미국 대중을 위해 자국화 번역 전략으로 한국 문화의 고유한 단어를 친숙한 영어 단어로 바꾸거나 삭제하면서 한국과 미국 사이의 문화 차이를 지워 나간다. 신경숙의 소설은 1938년생 주인공 엄마의 삶을 다루기 때문에 현대화나 서구화되기 이전 시기 한국의 전통적인 삶의 방식이 상당 부분 나온다. 그래서 외국어로 번역하기에 까다로운 한국 문화 관련 단어들을 다수 포함하고 있다. 그러한 상황에서 번역가는 "새참"은 "snack"(p. 57), "몸빼바지"는 "pants"(p. 121), "고무신"은 "rubber shoes"(p. 62), "마당"은 "yard"(p. 16)로 번역하여, 미국에서 흔하게 사용되는 표현을 사용하였다.* 이 한국어 단어들과 영어 대응어 사이에는 상당한 의미의 틈이 존재하고, 그 결과 한국적 색채가 번역에서 사라진다. 아래 문단에서 어떻게 한국 문화에 고유한 단어들이 사라지고 대체되는지 한 눈에 알 수 있다.

> **오두막 마루에 앉아 봉황을 수놓다가 목화밭에서 목놓아 울어대는** 아내의 얼굴을 한번 보고 혼인을 했으므로 깊이 든 정도 없다고 생각했는데, 집을 떠나 얼마가 지나면 왜 어김없이 아내가 떠올랐을까. [⋯] 아내가 이 집으로 들어오기 전에는 개를 얻어다 기르면 새끼 한번 받지 못하고 죽어나갔다. 쥐약을 먹고 **똥통**에 빠져죽기도 하고 무슨 까닭인지 **구들** 안쪽

* 본 논문은 2012년에 빈티지 북스에서 출간된 번역을 인용한다.

으로 기어들어간 것을 모르고 **아궁이**에 불을 지폈다가 누린내에 구들을 들어내고 죽은 개를 끌어낸 적도 있었다. (『엄마를 부탁해』 160쪽, 인용자 강조)

You thought you didn't love your wife very much, because you married her after seeing her only once, but every time you left home and some time passed, she reappeared in your thoughts. [⋯] Before your wife became a member of the family, any dog you got would die before giving you a litter. It would eat rat poison and fall into the **toilet**. Once, without anyone's realizing that the dog had crawled into the **floor heater**, a fire was kindled in the **furnace**, and not until you smelled the stench did you lift open the lid and pull out the dead dog. (*Please Look after Mom* pp. 153-154, 인용자 강조)

먼저 주목할 것은 원본 첫 문장의 긴 구절, "오두막 마루에 앉아 봉황을 수놓다가 목화밭에서 목놓아 울어대는"이 번역에서 통째로 삭제되었다는 점이다. 그래서 "오두막," "마루," "봉황"과 같은 한국 문화 관련 단어들이 사라졌다. 사실 이 세 단어는 위 문단 이전에도 나오는데, 자국화 번역되었다. "오두막"은 "cottage"(p. 153), "마루"는 "porch"(p. 153)로 대체되고, "봉황"은 생략되었다. 이외에도, 위 문단에서 "아궁이"는 "furnace," "구들"은 "floor heater," "똥통"은 "toilet"으로 번역하여, 친숙한 영어 단어로 바꾸었다. 그래서 위 문단에서 이 이야기가 한국이 배경인지 알기 힘들다.

그러나 김지영이 원본의 모든 한국 문화 요소를 생략하거나 영어권 독자에게 친숙한 표현으로 대체한 것은 아니다. 한국의 통화 단위인 "원"을 "won"(p. 135)으로, 거리와 땅의 측정 단위인 "리"와 "마지기"를 "ri"와 "majigi"(p. 136)로 음차한다. 또한 "막걸리," "한복," "윷"을 "makgoli"(p. 176), "hanbok"(p. 117), "yut"(p. 180)으로 음차하여 살린다. 그러나 이것들은 한국 문화의 외국성을 중요한 요소로 유지하거나 앞으로 드러낸다고 볼 수 없다. 김지영이 미국 독자들에게 그 한국 단어들이 무엇을 가리키는지 한국 문화에 대해 어떤 정보도 제공하지 않기 때문이다. 물론 앞에서 스미스의 번역에서 확인한 것처럼, 모든 한국적인 요소를 살리고 설명하는 것은 쉽지 않고 그럴 필요도 없다. 그러나 번역가는 맥락을 살펴서 최소한 일부라도 설명하여 한국 문화를 살릴 수 있는데, 김지영은 크게 노력하지 않는다. 다시 말해 단어들은 음차를 통해 살리지만 한국 문화를 주목하게 하지는 않는다. 그 결과 한국 문화의 고유한 특징들이 영미권 문화에 그냥 묻히고 흡수되어, 영미권과 한국 문화 사이의 차이를 드러내지 않으며, 영어 도착어권에 만연한 문화적 코드를 교란하지 못한다. 이러한 번역 전략은 스미스가 *Human Acts*에서 "해장국집"이나 "선짓국," "한옥"을 음차하고 자연스럽게 간단한 설명을 본문에 넣는 번역 방식과 대조적이다. 따라서 김지영은 영미권 독자의 편안함을 위해 한국의 문화적 '타자'를 지워 나가며, 번역에서 접근성과 유창함을 우선시하여 신경숙의 한국 컨텍스트의 문화적 특수성을 희생한다.

실종된 엄마 '박소녀'의 독특한 말투도 한국 엄마의 특수성을 보여주는 데 중요하지만, 영어로 번역되는 과정에서 사라진다. 특히 남부지방 출신임을 가리키는 사투리가 특징이다. 엄마는 원본에서 장남에게 "여그서는 동생들한테 니가 아비고 어미다."와 "형이 의젓해야 쓴다."(129쪽)라고 말하지만, 번역에서는 "Here in the city, you are your siblings' father and mother."와 "The eldest brother has to be dignified."(p. 122)라고 말한다. 원본에서 문맹인 어머니는 "아비"와 "어미"라는 옛말을 사용하고 "여그서는"과 "쓴다"라는 사투리를 쓰지만, 번역에서는 "father," "mother," "dignified"라는 현대 표준어를 사용한다. 그래서 원본에서 자식들은 모두 교육받은 현대 서울 말씨를 사용해서 어머니의 말씨와 다르게 나오지만, 번역에서는 차이가 없다.* 이렇게 미묘한 특징을 갖고 있는 한국의 어머니는 김지영의 번역에서 '보편적인' 어머니로 재구성된다. 한국의 엄마가 아니라 미국의 엄마, 세계 모두의 엄마가 되는 것이다. 이러한 번역 방식은 외국 텍스트의 문화적, 언어적 특징을 소홀히 하여, 미국 독자와 시장에 직접적으로 어필하는 일종의 '평준화된' 유창함을 추구한다.

또한 호칭 문제에서도 김지영의 번역은 철저히 영어중심적이다.

* 물론 사투리 번역은 거의 불가능하지만, 어머니의 문맹과 출신배경을 드러내는 독특한 말투의 '효과'를 조금이라도 살렸으면 좋았을 것이다. 한 가지 방법은 문법이 틀린 문장을 섞어 쓰는 것이다.

원본의 "오빠"와 "형"과 같은 호칭이 번역에서 사라지고, "brother"나 "Hyong-chol"과 같은 이름으로 대체된다. 스미스가 *Human Acts*에서 "언니"와 "형"을 음차하여 설명한 방식과 다르다. 그러면서 김지영의 번역에서는 신경숙 소설의 중심인 서열과 정이 존재하는 한국식 가족 관계가 영어에서 살아남지 못한다. 한국 가족이 사라지는 대신, 미국 가족, 보편적인 가족의 모습이 드러난다.

평이한 단어 및 짧은 문장 사용과 문단의 재구성

자국화 이외에도 김지영의 단순하고 명료한 글쓰기 스타일도 *Please Look after Mom*을 대중화하는 데 중요한 역할을 했다. 번역가는 미국의 대중 독자를 위해 평이한 영어를 즐겨 사용한다. 실종된 어머니에 대한 장남의 불안한 감정을 아래와 같이 묘사한다.

> He doesn't want to go home. He doesn't have anything particular to say when he meets to go home. When he called her, he was thinking only, I don't want to go home. But Yokchon-dong? He raises his hand to flag a taxi. He doesn't understand. Several people have called to say they saw someone like Mom wearing blue plastic scandals. Strangely, then all said they'd seen her in a neighborhood he's lived in. (*Please Look after Mom,* p. 105)

이 문단은 김지영의 영어 산문이 이해하기에 얼마나 쉽고 간결한지 잘 보여준다. 마치 한국의 중학생도 사전을 찾지 않고 읽을 만큼, 기본 단어와 쉬운 어휘를 사용한다. 이러한 방식의 글은 미지의 아시아 소설이 광범위한 서구 일반독자에게 다가가고 쉽게 이해될 수 있도록 만들려는 번역가의 노력을 반영한다.

김지영은 또한 '잘라내기'를 통해 긴 문장을 짧게 만들고, 길고 복잡한 문장에서 본질적인 것만 남긴다. 복잡하고 긴 문장들은 대중 독자가 글을 읽는 데 방해가 될 수 있기 때문이다. 예를 들어, 신경숙 작가가 "당신은 홍태희라고 자신을 소개한 젊은 여자를 안으로 들어오게 했다."(141쪽)라고 쓰면, 김지영 번역가는 "You let Hong Tae-hee in."(p. 134)으로 짧게 번역한다. 작가가 "가끔은 이 지방 사람들만이 쓰는 욕설이 튀어나왔다."(148쪽)라고 하면, 번역가는 "Sometimes you even cursed at her."(p. 140)라고 말한다. 작가는 "속이 후련허구 답답증도 가시고"(74쪽)라고 말하면, 번역가는 "I felt free."(p. 66)로 단 세 단어로 표현한다. 원본이 "서울역 시계탑 앞에서 만나 열다섯 된 여동생의 손을 스물넷 된 그의 손에 넘겨주고 다시 돌아가려다가 엄마는 국밥이나 한 그릇 먹자고 했다."(109쪽)라고 하면, 번역은 "They met in front of the clock tower at Seoul Station. Before she went home, she suggested a meal of rice and soup."(p. 103)으로, 중간 부분이 잘려 나가서 번역된다. "이제 와 옛일을 돌이켜서 그때 이러이러했다고 말한들 무엇이 달라진단 말인가."(190쪽)는 "What is the point of talking about the past?"(p.

183)처럼 핵심만 단순하게 표현된다. 때로 김지영은 문장 전체를 생략하기도 한다. 예를 들어, "새 문종이 바르는 일을 혼자 도맡아해내는 와중에 엄마의 낭만이 발동하는 순간이 있었다."(119쪽)는 번역에서 완전히 사라진다.

게다가 김지영은 문단을 재구성하여 독자가 소설을 쉽게 이해할 수 있도록 돕는다. 예를 들어, 일부 구절이나 문장들을 뒤로 이동해서 서사의 흐름을 매끄럽게 잇거나, 긴 문단을 두세 개로 쪼개서 읽기의 호흡을 쉽게 한다. 다음은 남편이 실종된 아내 박소녀를 회상하는 장면이다.

> 그리곤 그 다음날은 끙끙 앓아누웠다. 한 며칠 잠을 설쳐가며 뒤척이더니 벌떡 일어나 **논 세 마지기를 자기 박소녀 앞으로 해달라고 했다.** 우리 논은 다 당신 논인데 새삼 세 마지기를 이전해달라니 그건 당신이 손해 보는 일이라 했더니 그건 또 그렇네이, 시무룩한 표정을 지었다. (『엄마를 부탁해』 143-144쪽, 인용자 강조)

> The next day, she took to her bed, ill. She tossed and turned a few nights, then sat up abruptly and **asked you to transfer three majigi of land to her name. You asked her why, and she said it was because her life was pointless. She felt useless now that all the children had gone their separate ways.** When you explained that all of your land is her land, too, and that if only three majigi were transferred to Park So-nyo she would

lose out, because this would make it clear that the rest was yours, she looked disappointed and said, I guess that's true. (*Please Look after Mom*, p. 136, 인용자 강조)

위 영어 번역의 볼드체는 원래는 앞에 있던 문장들을 가져와 반복적인 것은 생략하고 번역한 것이다. 원래 있던 자리보다 문맥상 더 잘 어울리기 때문이다. 그리고 위 한국어 문단은 그 뒤로 열여섯 줄 정도 계속 이어지는데, 영어 번역에서는 새로운 문단이 시작되어 문단을 나눈다. 김지영은 이야기를 쉽게 전달하기 위해 문장들을 재배치하고 반복된 것은 생략하고 문단을 나누며 재구성한다.

이국적이고 흥미로운 책 표지 선정

대중에게 다가가려는 김지영의 노력은 곁텍스트인 책 표지 선정에서도 잘 드러난다. 곁텍스트는 텍스트 본문을 둘러싼 역자 서문, 주석, 책 표지, 용어설명, 지도 등을 말한다. 서양에는 아시아에 대한 고정관념이 있는데, 먼 곳에서 그러나 너무 낯설지도 너무 거부감을 주지도 않는, 이국적이고 흥미로운 이미지가 그것이다. 관심과 시장 가치를 끌기에 충분하지만 위협적이지는 않아서 미국의 독자가 쉽게 손이 갈 수 있도록 돕는다. 신경숙의 두 영어 번역 표지는 그 이미지를 불러일으킨다. 다음 책 표지들을 비교해 보자.

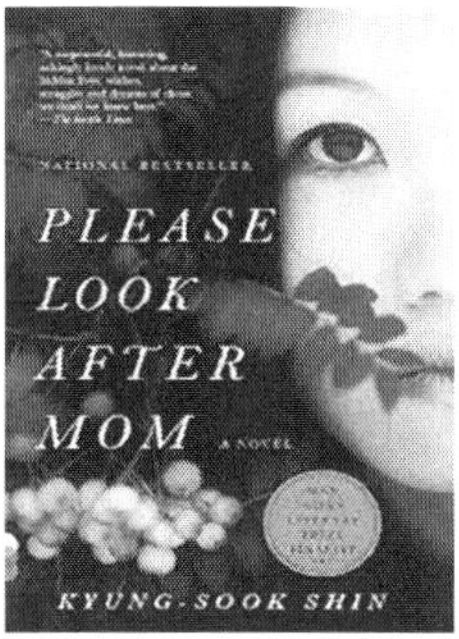

크노프에 의해 출판된 첫 번째 책 표지에는 매력적이고 슬퍼 보이는 젊은 아시아 여성이 있다. 신비스러워 보이는데, 얼굴이 반쯤 가려져 있다. 중간에 있는 빈티지 출판사 책의 표지는 한발 더 나아간다. 옆에 꽃들이 있는 신비스러운 어린 여자의 얼굴이 반만 보이고, 머나먼 낯선 아시아 소녀의 이미지를 불러일으킨다. 이것은 어머니를 연상시키는 창작과 비평사에서 출판된 한국어 원본의 표지와 아주 다르다. 크노프와 빈티지의 책 표지에서 드러나는 이미지는 안선재와 정종화 번역가가 이문열의 『시인』을 번역한 *The Poet*에서 한국을 상징하는 호랑이 그림을 책 표지로 사용하고 미주나 조선의 지도를 사용하여 조선시대의 문화를 알리려 했던 것과 사뭇 다르다.

이처럼 김지영의 영어 번역 *Please Look after Mom*은 신경숙의 소설을 영어로 대중화하기 위해, 한국 문화의 특수성을 지우는 번역을 하여 보편적인 주제 모성이 부각되었고, 평이한 단어 및 짧은 문장을 사용하고 문단을 재구성하며, 이국적인 이미지를 드러내는 책 표지를 선정하였다. 번역가로서 김지영은 고도로 자본화되고 세계화된 미국 시장을 위한 독자의 기대를 맞추기 위해 신경숙의 한국 소설을 다시 쓴 것이다. 번역가는 독서 경험을 방해할 만한 장벽을 허물어서 새로운 독자들이 한국문학을 즐길 수 있게 하는 것이 중요하다고 생각했고, 그 계획은 성공하여 베스트셀러가 되었다. 맨 아시아 문학상을 수상한 이 영어 번역은 한국어-영어 번역에서 처음 있는 글로벌 성공 스토리라 할 수 있지만, 많은 학자들이 지적하듯이, 신경숙의 소설을 자국화했다는 점에서 아쉬움이 남는다. 게다가 김지영의 번역은 대중성은 확보했지만, 전반적으로 작품성이나 문학성까지는 인정받지 못했다고 볼 수 있다. 그 결과 한국문학의 존재를 영미권에 제대로 알리지 못하고 잠깐 등장했으나 사라지고, 한국문학이 세계문학으로 진입하는 계기를 만들어내지는 못했다. 그러한 점에서 김지영의 영어 번역 *Please Look after Mom*은 분명 한계가 있다.

그럼에도 10여 년 전 당시의 척박한 상황을 생각하면, 미국 대중에

어필한 김지영의 번역은 한국문학과 문화의 존재를 미약하나마 알렸고 철벽처럼 무관심한 영미권 독자의 마음을 여는 데 필요한 접근이 아니었을까 생각한다. 그 결과 많은 미국의 독자가 한국문학을 처음으로 읽고 즐길 수 있었기 때문이다. 그리고 5년 후 2016년 스미스가 한강의 소설을 번역한 *The Vegetarian*이 맨부커 국제상을 받음으로써 한국문학은 변방에서 세계문학의 중심으로 이동하기 시작했다.

결론

2016년 스미스가 한강의 소설을 번역한 *The Vegetarian*이 맨부커 국제상을 받은 사건은 한국문학의 세계화 관점에서 중요한 변곡점이었다. 이 수상은 한강에게 국제적 명성을 처음 가져다주었으며, 동시에 한국문학의 존재를 전 세계에 알리는 계기가 되었다. 사실 2010년대 초반 신경숙의 『엄마를 부탁해』 영역본이 미국에서 잠시 주목을 받았지만, 한국문학은 세계 무대에서 여전히 변방의 문학이었다. 그러나 수상 이후 세계문학 무대로 진입하여, 한국소설은 거의 매년 맨부커 국제상 리스트에 등장하였다. 그리고 2024년 한강이 노벨 문학상을 수상하면서, 한국은 이제 명실공히 세계문학 무대에서 중요한 입지를 다지게 되었다. 이처럼 스미스의 번역은 한강의 노벨 문학상 수상과 더불어, 변방의 문학이었던 한국문학을 세계 무대에 등장시키는 데 기여했다고 볼 수 있다. 그리고 번역이 한국문학의 세계화에 어떤 중요한 역할을 할 수 있는지 보여주었다.

한국문학의 세계화에 기여한 것 이외에도, 스미스의 번역은 국내 문학 번역의 이론과 실제에 중요한 화두를 던진다. *The Vegetarian*은 오역 논쟁에도 불구하고 원본의 주제 의식, 페미니즘을 살리며 부각했고, *Human Acts*는 영미권 문화 제국주의에 맞서, 소수 언어 한국어와 한국 문화를 상당 부분 살렸다. 번역이 젠더 정치나 문화 정치에 참여할 수 있고 권력과 폭력에 저항할 수 있음을 보여주었다. 동시에 스미스는 단어나 문법에 대한 충실성을 배신하고, 한국어 원본의 서사를 충분히 이해하고 좋은 문장과 문체로 도착어권에서 인정받는 '문학 작품'으로 창조해 냈다. 이러한 가운데 문학과 번역의 경계선은 흐릿해진다. 스미스의 번역은 번역이 문학만큼 창조적일 수 있고, 문학만큼 폭력에 저항하여 더 나은 사회를 위해 공헌할 수 있음을 보여주었다.

이러한 스미스의 번역은 한국에서 통용되는 번역의 개념에 도전하고 확장한다. 원본에 대한 엄격하거나 편협한 충실성 개념에서 번역을 해방시켜, 번역이 한국에서 통용되는 '베껴 쓰기'나 단순히 한 언어에서 다른 언어로 옮기는 것이 아님을 보여준다. 역사적으로 한국은 영미권에 비해 원본중심주의와 직역의 풍토가 강해서, 번역을 얘기할 때, 오역을 했는지 안 했는지, 충실한지 아닌지, 정확한지 아닌지 초점을 맞춘다. 이러한 경직된 접근은 한국의 서구 문화 수용의 역사와 관련된다.

해방 이후 서구 원본을 맹목적으로 숭상하며 받아들이면서, 원본을 중심으로 하는 직역이 지배적이게 되었다. 원본은 성스러운 숭상의 대상으로 서구 문화와 동일시된 것이다. 그 과정에서 서구 원본은 중심이 되고 우리말 번역은 주변이 된다. 서구 문화가 '중심'이고 우리 문화가 '주변'으로 인식되는 것처럼. 당시 한국이 경제적, 문화적으로 취약했기 때문에, 선진 문화의 대명사인 서구 문화를 받아들이기 급급했을 것이고 서구 원본을 베껴 쓰듯이 수용하는 방식이 필요했을 것이다. 분명 그 방식이 우리나라의 현대화에 도움이 되었을 것이다. 그러나 동시에 충실성이나 정확성을 지나치게 강조하여, 읽어도 무슨 의미인지 잘 모르는 딱딱하고, 우리말이 살아 있지 않은 영혼 없는 번역들이 양산된 것도 부인할 수 없는 사실이다. 우리말 번역은 무가치한 글로 푸대접을 받고 번역가의 업적은 평가절하되었다. 따라서 우리의 번역 개념 및 위상은 문화 권력이나 한국의 뿌리 깊은 문화 사대주의와 무관하지 않다.

그러나 이제는 한국의 작가가 노벨 문학상을 받고, K팝이 세계적인 인기를 누리고, 한국의 드라마 및 영화가 널리 주목받는 등 그 어느 때보다도 한국 문화가 세계적인 인정을 받고 있는 현시점에서, 우리 문화에 자부심을 갖고 이전과 다르게 타 문화를 수용해야 하지 않을까. 이제는 서구 원본을 '베껴 쓰기' 하지 않고 우리의 시각으로 해석하고 주체적으로 번역해서 우리 문학의 일부로 받아들여야 한다. 시를 시로, 소설을 소설로, 문학을 문학으로 번역할 수 있을 때, 우리 문학과 문화를 살찌울 수 있다. 그러기 위해서는 번역을 재창작으로 보고 번역가에게 문학적 자율성을 허용해야 한다. 문학 번역은 '문학적'이어야 하고, 번역가는 단순히 언어적 지식보다는 문학적 감수성과 글쓰기 역량을 갖추어야 한다. 번역 비평도 오역 논쟁에서 벗어나 긍정적이고 생산적인 방향으로 나아가야 할 것이다. 스미스의 창조적인 번역이 그 계기가 되기를 간곡히 희망한다.

미주

제1장 번역과 페미니즘

1 김번, 〈『채식주의자』와 *The Vegetarian*: 원작과 번역의 경계〉, 『영미문학연구』 32 (2017): 18, 26, 30쪽.

2 Wook-Dong Kim, The "Creative" English Translation of *the Vegetarian* by Han Kang, *Translation Review* 100. 1 (2018): p. 77.

3 Susan Bassnett, Writing and Translating, eds. S. Bassnett & P. Bush, *The Translator as Writer* (2006): p. 174.

4 Deborah Smith & Allie Park, Allie Park Interviews with Deborah Smith (The Vegetarian), *Korean Literature in Translation*, June 15, 2014, https://ktlit.com/allie-park-interviews-translator-deborah-smith-the-vegetarian/

5 Deborah Smith & Allie Park, Allie Park Interviews with Deborah Smith (The Vegetarian).

6 Lori Chamberlain, Gender and the Metaphorics of Translation, *Signs* 13. 3 (1988): p. 455.

7 Sherry Simon, *Gender in Translation*, Routledge,1996, p. 1.

8 Lori Chamberlain, Gender and the Metaphorics of Translation, pp. 465~466.

9 Barbara Godard, Theorizing Feminist Discourse/Translation, eds. S. Bassnett & A. Lefevere, *Translation, History and Culture*, Cassel, 1990, p. 90.

10 Barbara Godard, p. 94.

11 Luise von Flotow, Feminist Translation: Contexts, Practices, Theories, *TTR* 4. 2. (1991): pp. 69-84.

12 Luise von Flotow, pp. 74~80.

13 Deborah Smith, Translation's Feminist Frontlines, Paper presentation at the CORE. HUFS (2019).

14 신수정, 〈한강 소설에 나타나는 채식의 의미: 『채식주의자를 중심으로』〉, 『문학과 환경』 9. 2 (2010): 193~194쪽.

15 신수정, 207쪽.

16 Deborah Smith, What We Talk About When We Talk about Translation.

17 오은영, 〈한강의 『채식주의자』: 나로부터 탈출은 가능한가?〉, 『세계문학비교연구』 59 (2017): 8쪽.

18 한강, 〈한강 『채식주의자』 오역 60여 개 수정 결정적 장애물 아냐〉, 『연합뉴스』, 2018년 1월 29일.

19 정과리, 〈Is Globalizing Korean Literature Possible?〉, 유영번역상 10주년 기념 번역 심포지엄 및 시상식, 연세대학교 (2017): 13~14쪽.

20 김번, 〈『채식주의자』와 *The Vegetarian*: 원작과 번역의 경계〉, 『영미문학연구』 32 (2017): 19쪽.

21 김번, 20~22쪽.

22 Sonjae An, The Foreignness of Language and Literary Translation, *Journal of English Language and Literature*, Special Number (1996): pp. 103~118.

제2장 번역과 논쟁

1 Deborah Smith, What We Talk about When We Talk about Translation, *LARB*, 11 January 2018. https://lareviewofbooks.org/article/what-we-talk-about-when-we-talk-about-translation/

2 Deborah Smith, What We Talk about When We Talk about Translation.

3 한강, 〈한강 '채식주의자' 오역 60여개 수정 결정적 장애물 아냐〉, 연합뉴스, 2018년 1월 29일. https://www.yna.co.kr/view/AKR20180129083200005

4 이형진, 〈한국문학의 영어번역, 논란과 논쟁을 번역하다〉, 『번역학연구』, 19. 4 (2018).

5 Mahasweta Sengupta, Translation, Colonialism and Poetics: Rabindranath Tagore in Two Worlds, *Translation, History & Culture*, eds. Susan Bassnett and Andr Lefevere, Pinter, 1990.

6 Antoine Berman, *Toward a Translation Criticism: John Donne*, ed and trans. Franoise Massardier-kenny, Kent State University Press, 2009, p. 28.

7 Antoine Berman, p. 78.

8 Antoine Berman, p. 3.

9 Lance Hewson, *An Approach to Translation Criticism: Emma and Madame Bovary in Translation*, John Benjamins, 2011, pp. 257-269.

10 Lawrence Venuti, *The Translator's Invisibility*, 2nd ed, Routledge, 2008, pp. 83-8.

11 Lawrence Venuti, pp. 90-91.

12 Lawrence Venuti, p. 90.

13 Lawrence Venuti, p. 109.

14 Matthew Arnold, *Essays Literary & Critical*, J. M. Dent & Sons Ltd, 1906, pp. 249-250.

15 Roland Barthes, The Death of the Author, *Image Music Text*, trans. Stephen Heath, 1977, p. 146.

16 조재룡, 〈번역은 무엇으로 승리하는가〉, 『문학동네』 24.1 (2017): 698쪽.

17 조재룡, 696쪽.

18 조재룡, 698쪽.

19 조재룡, 698-699쪽.

20 조재룡, 698-699쪽.

21 김번, 〈『채식주의자』와 *The Vegetarian*: 원작과 번역의 경계〉, 『영미문학연구』 32 (2017): 20쪽.

22 김번, 19쪽.

23 김번, 20쪽.

24 김번, 20쪽.

25 김번, 22쪽.

26 김번, 22쪽.

27 김번, 21쪽.

28 Jacques Derrida, *Positions*, trans. Alan Bass, University of Chicago Press, 1981, p. 21.

29 Wook-Dong Kim, The 'Creative' English Translation of The Vegetarian by Han Kang, *Translation Review*, 100. 1 (2018): p. 72.

30 Wook-Dong Kim, p. 71.

31 Wook-Dong Kim, p. 71-72.

32 김번, 22쪽.

33 김번, 24쪽.

34 김번, 24쪽.

35 Wook-Dong Kim, p. 72.

36 Wook-Dong Kim, p. 73.

37 Wook-Dong Kim, p. 72.

38 조재룡, 699쪽.

39 Wook-Dong Kim, p. 68.

40 Wook-Dong Kim, p. 69.

41 조재룡, 700쪽.

42 Charse Yun, How the Bestseller 'The Vegetarian,' translated from Han Kang's Original, Caused an Uproar in South Korea, *Los Angeles Times*, 22 September 2017, https://www.latimes.com/books/jacketcopy/la-ca-jc-korean-translation-20170922-story.html

43 Wook-Dong Kim, p. 75.

44 Wook-Dong Kim, p. 76.

45 Wook-Dong Kim, p. 76.

46 조재룡, 703쪽.

47 조재룡, 702쪽.

48 Sonjae An, Literary Translation from Korean into English: A Study in Criteria, *Translation and Literature*, 11.1 (2002): p. 75.

49 이희재, 『번역의 탄생』, 교양인, 2009, 24-29쪽.

50 이형진, 〈문학번역 평가의 딜레마와 번역비평의 방향〉, 『안과밖: 영미문학연구』 24, (2008): 99쪽.

51 Hahn, Daniel, Ask a Translator with Daniel Hahn, *Asymptote*, November 2, 2016, https://www.asymptotejournal.com/blog/2016/11/30/ask-a-translator-with-daniel-hahn-7/

52 이형진, 〈문학번역 평가의 딜레마와 번역비평의 방향〉.

53 David Damrosch, *What is World Literature?* Princeton Press University, 2003, p. 4.

54 Pascal Casanova, *The World Republic of Letters*, Trans. M. B. DeBevoise, Harvard University Press, 2004, p. 172.

55 Pascal Casanova, p. 12.

56 Pascal Casanova, p. 133.

57 Pascal Casanova, p. 135.

58 Pascal Casanova, pp. 146-147.

59 조재룡, 704쪽.

60 Wook-Dong Kim, p. 75.

61 조재룡, 712-713쪽.

62 이형진, 〈한국문학의 영어번역, 논란과 논쟁을 번역하다〉, 194쪽.

63 Lori Chamberlain, Gender and the Metaphorics of Translation, *Signs* 13. 3 (1988): p. 455.

64 Sherry Simon, *Gender in Translation: Cultural Identity and the Politics of Transmission*, Routledge, 1996, p. 1.

65 Lori Chamberlain, pp. 465-466.

66 Lori Chamberlain, p. 466.

67 Lori Chamberlain, p. 466.

68 Sherry Simon, p. 1.

69 신수정, 〈한강소설에 나타나는 '채식'의 의미 『채식주의자』를 중심으로〉, 『문학과환경』, 9.2 (2010): 207쪽.

70 김번, 19쪽.

71 조재룡, 712쪽.

72 김번, 18쪽, 26쪽, 30쪽.

73 김번, 30쪽.

74 김번, 29쪽.

75 Wook-Dong Kim, pp. 77-78.

76 윤선경, 〈원작가 '한강' 개입, 한국문학 번역과 세계화에 도움이 될까〉, 경향신문, 2024년 1월 9일. https://www.khan.co.kr/article/202401091958015

제3장 번역과 창작

1 Susan Bassnett, Writing and Translating, *The Translator as Writer*, eds. Susan Bassnett & Peter Bush, Continuum, 2006, p. 174.

2 Susan Bassnett, *Reflections on Translation*, Multilingual Matters, 2011, p. 43.

3 Susan Bassnett, Writing and Translating, p. 174.

4 Andr Lefevere, *Translation, Rewriting, and the Manipulation of Literary Fame*, Routledge, 1992.

5 Ezra Pound, *Literary Essays of Ezra Pound*, ed. T. S. Eliot, Faber & Faber, 1961, pp. 33-34.

6 Michael Alexander, Ezra Pound as Translator, *Translation and Literature* 6 (1997), p. 2.

7 Hugh Kenner, Introduction, The Translations of Ezra Pound, ed. Hugh Kenner, Faber & Faber, 1953, p. 10.

8 Ezra Pound, *The Letters of Ezra Pound 1907-1941*, Ed. E. Paige, Faber & Faber, 1951, p. 362.

9 Stephen Yao, *Translation and the Languages of Modernism: Gender, Politics, Language*, Palgrave, 2002, p. 12.

10 Ming Xie, Pound as Translator, *The Cambridge Companion to Ezra Pound*, ed. Ira B. Nadel, Cambridge University Press, 1999, p. 210.

11 Susan Bassnett, *Reflections on Translation*, pp. 34-35.

12 Susan Bassnett, *Reflections on Translation*, p. 48.

13 한강, 〈한강 '채식주의자' 오역 60여 개 수정 결정적 장애물 아냐〉.

14 Deborah Smith & Allie Park, Allie Park Interviews with Deborah Smith (The Vegetarian), *Korean Literature in Translation*, June 15, 2014, https://ktlit.com/allie-park-interviews-translator-deborah-smith-the-vegetarian/

15 Deborah Smith & Allie Park, Allie Park Interviews with Deborah Smith (The Vegetarian).

16 Deborah Smith & Allie Park, Allie Park Interviews with Deborah Smith (The Vegetarian).

17 Personal email communication with Deborah Smith, April 15, 2017.

18 Personal email communication with Deborah Smith, April 15, 2017.

19 김가희, 〈해석과 창의적 다시쓰기로서의 문학번역: Vegetarian을 중심으로〉, 『영어권문화연구』 9. 3 (2016): 38-39쪽.

20 Wook-Dong Kim, The 'Creative' English Translation of the Vegetarian by Han Kang, *Translation Review*, 100 (2018): p. 72.

21 Sonjae An, Literary Translation from Korean into English: A Study in Criteria, *Translation and Literature* 11 (2002): pp. 72-87.

22 Deborah Smith, What We Talk about When We Talk about Translation, *LARB*, 11 January 2018, https://lareviewofbooks.org/article/what-we-talk-about-when-we-talk-about-translation/

23 이수연, 『한국어 반복구성 연구』, 서울대학교 대학원 박사논문, 2016.

24 이희재, 『비극의 탄생』, 교양인, 2009, 53-67쪽.

25 Sonjae An, 'The Foreignness of Language' and Literary Translation, *Journal of English Language and Literature*, Special Number, 1996.

26 손병룡, 〈사고와 문화가 언어에 미치는 영향〉, 『현대영어영문학』, 45. 2 (2001).

27 Sora Kim-Russel, "The Implicit I: Contesting Ambiguity in Korean Literature," AAWW, 7 March 2019, https://aaww.org/the-implicit-i-contesting-ambiguity-in-korean-literature/

28 김대중, 〈채식주의자 번역 속 의역/오역 사례를 통해 살펴본 번역가의 과제연구〉, 『인문과학연구』 51(2016); Charse Yun, How the Bestseller The Vegetarian from Han Kang Caused an Uproar in South Korea, *Los Angeles Times*, 22 September 2017, https://www.latimes.com/books/jacketcopy/la-ca-jc-korean-translation-20170922-story.html

29 Susan Bassnett, *Translation Studies*, Routledge, 2002, p. 30.

30 Deborah Smith & Allie Park, Allie Park Interviews with Deborah Smith (The Vegetarian).

31 Ming Xie, Pound as Translator, p. 210.

32 한강, 〈한강 '채식주의자' 오역 60 여개 수정 결정적 장애물 아냐〉.

33 Wook-Dong Kim, p. 68; Charse Yun, How the Bestseller The Vegetarian from Han Kang Caused an

Uproar in South Korea.

34 Deborah Smith, On Translating *Human Acts* by Han Kang, *Asymptote,* January 2016, https://www.asymptotejournal.com/criticism/han-kang-human-acts/

35 Susan Bassnett, Writing and Translating, p. 174.

제4장 번역과 문화 제국주의 I

1 Susan Bassnett, Postcolonial Translation, *A Concise Companion to Postcolonial Literature,* eds. Shirley Chew and David Richards, Wiley-Blackwell, 2010, p. 81.

2 Maria Tymoczko and Edwin Gentzler, Introduction, *Translation and Power,* eds. Maria Tymoczko and Edwin Gentzler, University of Massachusetts Press, 2002, p. xxi.

3 Romn lvarez and M. Carmen-fica Vidal, Translating: A Political Act, *Translation, Power, and Subversion,* eds. Romn lvarez and M. Carmen-fica Vidal, Multilingual Matters, 1996, p. 4.

4 Tejaswini Niranjana, *Siting Translation: History, Post-Structuralism, and the Colonial Context,* University of California, 1992, p. 2.

5 재인용. Andr Lefevere, *Translation, Rewriting and the Manipulation of Literary Fame,* Routledge, 1992, p. 1.

6 Susan Bassnett and Harish Trivedi, Introduction: Of Colonies, Cannibals and Vernaculars, *Post-Colonial Translation: Theory and Practice,* eds. Susan Bassnett and Harish Trivedi, Routledge, 1999, p. 6.

7 Mahasweta Sengupta, Translation, Colonialism and Poetics: Rabindranath Tagore in Two Worlds, *Translation, History & Culture,* eds. Susan Bassnett and Andr Lefevere, Pinter, 1990, p. 62.

8 Walter Mignolo, *The Darker Side of Western Modernity: Global Futures, Decolonial Options,* Duke University Press, 2008, p. 119.

9 Walter Mignolo, Delinking: The Rhetoric of Modernity, the Logic of Coloniality and the Grammar of De-Coloniality, *Cultural Studies* 21, 2007, p. 450.

10 Catherine E. Walsh, The Decolonial For. Resurgences, Shifts, and Movements, *On Decoloniality: Concepts, Analysis, Praxis,* contribs. Walter D. Mignolo and Catherine E. Walsh, Duke University Press, 2018, p. 17.

11 Susan Bassnett, *Reflections on Translation,* Multilingual Matters, 2011, p. 17.

12 Lawrence Venuti, *The Translator's Invisibility,* 2nd ed. Routledge, 2008, p. 16.

13 Lawrence Venuti, p. 5.

14 Lawrence Venuti, p. 1.

15 Lawrence Venuti, p. 16.

16 Lawrence Venuti, p. 15.

17 Lawrence Venuti, p. 19.

18 Sun Kyoung Yoon, Foregrounding the Cultural Otherness in English: *The Poet, The Comparative Study*

of World Literature 45 (2013).

19 Chantal Zabus, *The African Palimpsest: Indigenization of Language in the West African Europhone Novel*, 2nd ed, Rodopi, 2007, pp. 175-199.

20 Maria Tymoczko, Post-Colonial Writing and Literary Translation, *Post-Colonial Translation: Theory and Practice*, eds. Susan Bassnett and Harish Trivedi, 1999, pp. 25-26.

21 Madhu Kaza, Editor's Note: Kitchen Table Translation. *Aster(ix) Journal* (Summer 2017), https://asterixjournal.com/note-translation/

22 Susan Bassnett, Postcolonial Translation, p. 89.

23 Deborah Smith, Decolonising Translation (Presentation, Seoul, January 29 (2019)).

24 Deborah Smith, Decolonising Translation.

25 Deborah Smith, Decolonising Translation.

26 Tim Parks, Raw and Cooked, The New York Review of Books, June 20, 2016, https://www.nybooks.com/online/2016/06/20/raw-and-cooked-translation-why-the-vegetarian-wins/; Chrase Yun, You Say Melon, I Say Lemon: Deborah Smit's Flawed Yet Remarkable Translation of 'The Vegetarian,' Korea Expos, July 2, 2017, https://koreaexpose.com/deborah-smith-translation-han-kang-novel-vegetarian/; 마찬가지로 김영신은 스미스의 *The Vegetarian*이 유창하고 투명한 자국화 번역에 가깝다고 주장한다. 김영신, 〈이국화인가 자국화인가 한강의 『채식주의자』 번역을 중심으로〉 『동서비교문학저널』 37 (2016); 이지민도 *Human Acts*에서 몇 가지 자국화 예를 언급한다. 이지민, 〈한강의 『소년이 온다』의 영역본에 나타난 정보성 조정 전략 연구〉, 『통역과 번역』 20. 2 (2018).

27 Personal email communication with Deborah Smith, April 15, 2017.

28 Deborah Smith & Allie Park, Allie Park Interviews with Deborah Smith (The Vegetarian), Korean Literature in Translation, June 15, 2014, https://ktlit.com/allie-park-interviews-translator-deborah-smith-the-vegetarian/

29 Personal email communication with Deborah Smith, April 15, 2017.

30 Sonjae An & Sun Kyoung Yoon, An Interview with Brother Anthony of Taiz預 *Asymptote*, July 2011, https://www.asymptotejournal.com/interview/an-interview-with-brother-anthony-of-taize/

31 Deborah Smith, What We Talk about When We Talk about Translation, *The Lost Angeles Review of Books*, January 11, 2018, https://lareviewofbooks.org/article/what-we-talk-about-when-we-talk-about-translation/

32 Deborah Smith, Introduction, by Han Kang, *Human Acts*, trans. Deborah Smith, Portobello Books, 2016, p. 3.

33 Deborah Smith, Introduction, p. 4.

34 이지민, 〈한강의 『소년이 온다』의 영역본에 나타난 정보성 조정 전략 연구〉, 『통역과 번역』 20. 2 (2018): pp. 111-112.

35 Deborah Smith, On Translating *Human Acts* by Han Kang.

36 Deborah Smith, On Translating *Human Acts* by Han Kang.

37 Lawrence Venuti, p. 16.

38 Homi K, Bhabha, *The Location of Culture*, Routledge, 1994, p. 38.

39 Lawrence Venuti, 16.

제5장 번역과 문화 제국주의 II

1 권영민, 〈한국문학의 해외 소개, 그 실상과 문제점〉, 『한국연대문학 50년』 민음사, 1995, 472쪽.

2 이형진, 〈신경숙의 *Please Look after Mom*의 영어서평에 나타난 문학번역 평가의 관점〉, 『세계문학비교』 37권, 2011.

3 정호정, 〈문학번역의 수용과 평가 신경숙의 엄마를 부탁해 영역본을 중심으로〉, 『통역과 번역』 14. 2 (2012).

4 김영신, 〈번역 서평 분석을 통한 번역사의 비가시성 연구 엄마를 부탁해 영역본을 중심으로〉, 『통역과 번역』 14. 2 (2012).

5 이형진, 〈한국문학의 영어번역, 논란과 논쟁을 번역하다〉, 『번역학 연구』, 19. 4 (2018).

6 Sun Kyoung Yoon, Popularising Homer: E.V. Rieu's English Prose Translations, *The Translator*, 20. 2 (2014).

7 Sonjae An & Sun Kyoung Yoon, An Interview with Brother Anthony of Taizé, *Asymptote*, 2011, https://www.asymptotejournal.com/interview/an-interview-with-brother-anthony-of-taize/

8 Lawrence Venuti, *The Translator's Invisibility*, 2nd ed, Routledge, 2008, p. 1.

9 Lawrence Venuti, p. 16.

10 Lawrence Venuti, p. 1.

11 Lawrence Venuti, p. 16.

12 Sun Kyoung Yoon, Foregrounding the Otherness in English: *The Poet*, *Comparative Study of World Literature* 45, 2013.

13 김지영, 〈신경숙 '엄마를 부탁해' 美 열풍 주역 번역가 김지영씨가 밝히는 비법〉, 국민일보, 2011년 4월 15일, https://www.kmib.co.kr/article/view.asp?arcid=0004859862

14 김지영, 《〈인터뷰〉 '엄마를 부탁해' 김지영씨》, 연합뉴스, 2011년 4월 10일, https://www.yna.co.kr/view/AKR20110410044100005

참고문헌

권영민, 「한국문학의 해외 소개, 그 실상과 문제점」, 『한국현대문학 50년』, 서울: 민음사, 1995.

김가희, 「해석과 창의적 다시쓰기로서의 문학번역: *Vegetarian*을 중심으로」, 『영어권 문화연구』 9. 3 (2016): 29-44.

김대중, 「채식주의자 번역 속 의역/오역 사례를 통해 살펴본 번역가의 과제 연구」, 『인문과학연구』 51 (2016): 31-59.

김번, 「『채식주의자』와 *The Vegetarian*: 원작과 번역의 경계」, 『영미문학연구』 32 (2017): 5-34.

김영신, 「번역 서평 분석을 통한 번역사의 비가시성 연구 - 『엄마를 부탁해』 영역본을 중심으로」, 『통역과 번역』 14. 2 (2012): 63-78.

__________, 「이국화인가 자국화인가 - 한강의 『채식주의자』 번역을 중심으로」, 『동서비교문학저널』 37 (2016): 37-55.

김지영, 《인터뷰〉 '엄마를 부탁해' 김지영씨〉, 연합뉴스, 2011년 4월 10일, https://www.yna.co.kr/view/AKR20110410044100005

__________, 〈신경숙 '엄마를 부탁해' 美 열풍 주역 번역가 김지영씨가 밝히는 비법〉, 국민일보, 2011년 4월 15일, https://www.kmib.co.kr/article/view.asp?arcid=0004859862

반디, 『고발』, 서울: 조갑제닷컴, 2014.

신경숙, 『엄마를 부탁해』, 파주: 창비, 2008.

손병룡, 「사고와 문화가 언어에 미치는 영향」, 『현대영어영문학』 45. 2 (2001): 131-151.

신수정, 「한강 소설에 나타나는 '채식'의 의미 - 『채식주의자』를 중심으로」, 『문학과 환경』 9. 2 (2010): 193-211.

신혜정, 「데버러 스미스(Deborah Smith)의 『채식주의자』 다시쓰기: 번역 관점에서 본 문제점 및 향후 과제」, 『한국콘텐츠학회논문지』 17. 10 (2017): 657-666.

오은영, 「한강의 『채식주의자』: 나로부터 탈출은 가능한가?」, 『세계문학비교연구』 59 (2017): 5-29.

우경조, 『에코페미니즘적 주제의식 관점에서 본 한강의 『채식주의자』 영역본 분석』, 한국외국어대학교 통번역대학원 박사학위 논문, 2018.

윤미선·박건영, 「『소년이 온다』의 영역본 『Human Acts』의 영어권 독자 수용 예비 연구」, 『통역과 번역』 21. 2 (2019): 87-117.

윤선경, 「문학번역 연구 현황과 과제: 『엄마를 부탁해』 영역본 연구를 중심으로」, 『현대영어영문학』 57. 3 (2013): 125-145.

__________, 「원작가 '한강' 개입, 한국문학 번역과 세계화에 도움이 될까」, 『경향신문』. 2024년 1월 9일, https://m.khan.co.kr/opinion/contribution/article/202401091958015#c2b

__________, 「번역에서 문학으로 - 데보라 스미스의 『채식주의자 』와 『소년이 온다』 영어번역을 중심으로」, 『외국문학연구』 94 (2024): 83-194.

이수연, 『한국어 반복구성 연구』, 서울대학교 대학원 박사학위 논문, 2016.

이인규, 「『채식주의자』에 대한 데보라 스미스의 영어번역 어떻게 볼 것인가」, 『번역학연구』 18. 3 (2017): 173-205.

이지민, 「한강의 『소년이 온다』의 영역본에 나타난 정보성 조정 전략 연구」, 『통역과 번역』 20. 2 (2018): 97-121.

이희재, 『비극의 탄생』, 서울: 교양인, 2009.

이형진, 「문학번역 평가의 딜레마와 번역비평의 방향」, 『안과밖: 영미문학연구』 24 (2008): 86-112.

__________, 「신경숙의 *Please Look after Mom*의 영어서평에 나타난 문학번역 평가의 관점」, 『세계문학비교』 37 (2011): 303-328.

__________, 「한국문학의 영어번역, 논란과 논쟁을 번역하다」, 『번역학연구』 19. 4 (2018): 175-206.

정과리, 「한국문학의 세계화는 가능한가」, 『유영 번역상 10주년 기념 번역 심포지움 및 시상식 발표 논문집』, 연세대학교 (2017): 1-8.

정호정, 「문학번역의 수용과 평가 - 신경숙의 '엄마를 부탁해' 영역본을 중심으로」, 『통역과 번역』 14. 2 (2012): 255-281.

조의연·조숙희, 「이탤릭체의 문체적 활용: 『소년이 온다』 한영번역 연구」, 『번역학연구』 18. 5 (2017): 231-252.

조재룡, 「번역은 무엇으로 승리하는가」, 『문학동네』 24. 1 (2017): 689-713.

한강, 「내 여자의 열매」, 『창비』 95. 1 (1997): 178-199.

_________, 『그대의 차가운 손』, 서울: 문학과 지성사, 2002.

_________, 『채식주의자』, 파주: 창비, 2007.

_________, 『희랍어 시간』, 파주: 문학동네, 2011.

_________, 『소년이 온다』, 파주: 창비, 2014.

_________, 『흰』, 파주: 문학동네, 2016.

_________, 「한강 "'채식주의자' 오역 60 여개 수정... 결정적 장애물 아냐"」, 『연합뉴스』, 1월 29일 2018, https://www.yna.co.kr/view/AKR20180129083200005

Alexander, Michael, "Ezra Pound as Translator," *Translation and Literature* 6 (1997): 23-30.

Álvarez, Román and Vidal, M. Carmen Áfica, "Translating: A Political Act," *Translation, Power, and Subversion*, eds. Román Álvarez and M. Carmen-Áfica Vidal, Clevedon: Multilingual Matters, 1996: 1-9.

An, Sonjae (Brother Anthony of Taizé), "'The Foreignness of Language' and Literary Translation," *Journal of English Language and Literature*, Special Number (1996): 103-118.

_________, "Literary Translation from Korean into English: A Study in Criteria," *Translation and Literature* 11. 1 (2002): 72-87.

An, Sonjae & Yoon, Sun Kyoung, "An Interview with Brother Anthony of Taizé," *Asymptote*, July 2011, https://www.asymptotejournal.com/interview/an-interview-with-brother-anthony-of-taize/

Arnold, Matthew, *Essays Literary & Critical*, London: J. M. Dent & Sons Ltd, 1906.

Bandi, *The Accusation*, trans. Deborah Smith, London: Serpents' Tale, 2017.

Barthes, Roland, "The Death of the Author," *Image – Music – Text*, trans. Stephen Heath, London: Fontana Press, 1977: 142-148.

Bassnett, Susan, Translation Studies, London: Routledge, 2002.

__________, "Writing and Translating," *The Translator as Writer*, eds. Susan Bassnett & Peter Bush, London: Continuum, 2006: 173-183.

__________, "Postcolonial Translation," *A Concise Companion to Postcolonial Literature*, eds. Shirley Chew and David Richards, London: Wiley-Blackwell, 2010: 78-96.

__________, *Reflections on Translation*, Bristol: Multilingual Matters, 2011.

Bassnett, Susan and Trivedi, Harish, "Introduction: Of Colonies, Cannibals and Vernaculars," *Post-Colonial Translation: Theory and Practice*, eds. Susan Bassnett and Harish Trivedi, London: Routledge, 1999: 1-18.

Berman, Antoine, *Toward a Translation Criticism: John Donne*, ed and trans. Françoise Massardier-kenny, Kent: Kent State University Press, 2009.

Bhabha, Homi K. *The Location of Culture*, London: Routledge, 1994.

Casanova, Pascal, *The World Republic of Letters*, trans. M. B. DeBevoise, Cambridge: Harvard University Press, 2004.

Chamberlain, Lori, "Gender and the Metaphorics of Translation," Signs, 13. 3 (1988): 454-472.

Damrosch, David, *What is World Literature?* Princeton: Princeton Press University, 2003.

Derrida, Jacques, *Positions*, trans. Alan Bass, Chicago: University of Chicago Press, 1981.

Flotow, Luise von, Feminist translation: Contexts, Practices, Theories', *TTR* 4. 2 (1991): 69-84.

Godard, Barbara, Theorizing Feminist Discourse/translation, *Translation, History and Culture*. eds. Susan Bassnett & André Lefevere, London: Cassel, 1990: 87-96.

Hahn, Daniel, "The Vegetarian by Han Kang Review - an Extraordinary Story of Family Fallout," *The Guardian*, January 24, 2015, https://www.theguardian.com/books/2015/jan/24/the-vegetarian-by-han-kang-review-family-fallout

__________, "Ask a Translator with Daniel Hahn," *Asymptote*, November 2, 2016.
https://www.asymptotejournal.com/blog/interviews/ask-a-translator/

Han, Kang, *The Vegetarian*, trans, Deborah Smith, London: Portobello Books, 2015.

__________, *Human Acts*, trans, Deborah Smith, London: Portobello Books, 2016.

__________, *The White Book*, trans, Deborah Smith, London: Portobello Books, 2017.

__________, *Greek Lessons*, trans, Deborah Smith & Emily Yaewon, London: Hogarth,

2023.

Hewson, Lance, *An Approach to Translation Criticism: Emma and Madame Bovary in Translation*, Amsterdam: John Benjamins, 2011.

Kaza, Madhu, "Editor's Note: Kitchen Table Translation," *Aster(ix) Journal*, Summer 2017, https://asterixjournal.com/note-translation/

Kenner, Hugh, "Introduction," *The Translations of Ezra Pound*, ed. Hugh Kenner, London: Faber and Faber, 1953.

Khakpour, Porochista, "'The Vegetarian,' by Han Kang," *The New York Times*, February 2, 2016, https://www.nytimes.com/2016/02/07/books/review/the-vegetarian-by-han-kang.html

Kim, Wook-Dong, "The 'Creative' English Translation of the Vegetarian by Han Kang," *Translation Review* 100 (2018): 65-80.

Kim-Russel, Sora, "The Implicit I: Contesting Ambiguity in Korean Literature," *AAWW*, March 7, 2019, https://aaww,org/postauthor/sora-kim-russell/

Lefevere, André, *Translation, Rewriting, and the Manipulation of Literary Fame*, London: Routledge, 1992.

Mignolo, Walter, "Delinking: The Rhetoric of Modernity, the Logic of Coloniality and the Grammar of De-Coloniality," *Cultural Studies* 21, 2007.

__________, *The Darker Side of Western Modernity: Global Futures, Decolonial Options*, Durham, NC: Duke University Press, 2008.

Niranjana, Tejaswini, *Siting Translation: History, Post-Structuralism, and the Colonial Context*, Berkeley, CA: University of California Press, 1992.

Parks, Tim, "Raw and Cooked," The New York Review of Books, June 20, 2016, https://www.nybooks.com/online/2016/06/20/raw-and-cooked-translation-why-the-vegetarian-wins/

Pound, Ezra, *The Letters of Ezra Pound 1907-1941*, ed. D. Paige, London: Faber & Faber, 1951.

__________, *Literary Essays of Ezra Pound*, ed. T. S. Eliot, London: Faber & Faber, 1961.

Sengupta, Mahasweta, "Translation, Colonialism and Poetics: Rabindranath Tagore in Two Worlds," *Translation, History & Culture*, eds. Susan Bassnett and André

Lefevere, London: Pinter, 1990: 56-63.

Shin, Kyung-sook, *Please Look after Mom*, trans. Chi-Young Kim, New York: Knopf, 2011.

________, *Please Look after Mom*, trans. Chi-Young Kim, New York: Vintage Books, 2012.

Simon, Sherry, *Gender in Translation: Cultural Identity and the Politics of Transmission*, London: Routledge, 1996.

Smith, Deborah, "On Translating *Human Acts* by Han Kang," *Asymptote*, January 2016, https://www.asymptotejournal.com/criticism/han-kang-human-acts/

________, "Introduction," by Han Kang, *Human Acts*, trans. Deborah Smith, London: Portobello Books, 2016.

________, "Personal Email Communication with Deborah Smith," April 15, 2017.

________, What We Talk About When We Talk About Translation, *LA Review of Books*, January 11, 2018, https://lareviewofbooks.org/article/what-we-talk-about-when-we-talk-about-translation/

________, "Translation's Feminist Frontlines," Paper presentation at The CORE, HUFS, Seoul, South Korea, January 22, 2019.

________, "Decolonising Translation," Paper presentation at The CORE, HUFS, Seoul, South Korea, January 29, 2019.

Smith, Deborah & Allie Park, "Allie Park Interviews Translator Deborah Smith (The Vegetarian)", *Korean Literature in Translation*, June 15, 2014, https://ktlit.com/allie-park-interviews-translator-deborah-smith-the-vegetarian/

Tymoczko, Maria, "Post-Colonial Writing and Literary Translation," *Post-Colonial Translation: Theory and Practice*, eds. Susan Bassnett and Harish Trivedi, London: Routledge, 1999: 19-40.

Tymoczko, Maria and Gentzler, Edwin, "Introduction," *Translation and Power*, eds. Maria Tymoczko and Edwin Gentzler, Boston: University of Massachusetts Press, 2002: xi-xxviii.

Venuti, Lawrence, *The Translator's Invisibility*, 2nd ed. New York: Routledge, 2008.

Walsh, Catherine E, "The Decolonial For. Resurgences, Shifts, and Movements,"

On Decoloniality: Concepts, Analysis, Praxis, contribs. Walter D. Mignolo and Catherine E. Walsh, Durham, NC: Duke University Press, 2018: 15-32.

Xie, Ming, "Pound as Translator," *The Cambridge Companion to Ezra Pound*, Cambridge, ed. Ira B. Nadel, Cambridge: Cambridge University Press, 1999.

Yao, Stephen, *Translation and the Languages of Modernism: Gender, Politics, Language*, New York and Basingstoke: Palgrave, 2002.

Yoon, Sun Kyoung, "Popularizing Shin Kyung-sook in English: *Please Look after Mom*," *The Comparative Study of World Literature* 42 (2013):579-594.

_________, "Foregrounding the Cultural Otherness in English: *The Poet*," *The Comparative Study of World Literature* 45 (2013): 405-422.

_________, "Popularising Homer: E.V. Rieu's English Prose Translations," *The Translator* 20. 2 (2014): 178-193.

_________, "Deborah Smith's Infidelity: The Vegetarian as Feminist Translation," *Journal of Gender Studies* 30. 8 (2021): 938-948.

_________, "Decolonizing Acts: An Analysis of Deborah Smith's English Translation, *Human Acts*," *Acta Koreana* 24. 2 (2021): 75-92.

_________, "Fidelity or Infidelity? The Mistranslation Controversy over *The Vegetarian*," *Target* 35. 2 (2023): 242-261.

Yun, Charse, "You Say Melon, I Say Lemon: Deborah Smit's Flawed Yet Remarkable Translation of 'The Vegetarian,'" Korea Exposé, July 2, 2017, https://koreaexpose.com/deborah-smith-translation-han-kang-novel-vegetarian/

_________, "How the Bestseller The Vegetarian translated from Han Kang's Original Caused an Uproar in South Korea," *Los Angeles Times*, September 22, 2017, http://www.latimes.com/books/jacketcopy/la-ca-jc-korean-translation-20170922-story.html

Zabus, Chantal, *The African Palimpsest: Indigenization of Language in the West African Europhone Novel*, 2nd ed, Amsterdam: Rodopi, 2007.

지은이 소개

윤선경

한국외국어대학교 영미문학·문화학과 교수. 영국 퀸메리 런던 대학교에서 영문학 석사, 워릭 대학교에서 번역학 박사 학위를 받았다. 주요 연구 분야는 번역과 젠더, 탈식민주의 번역, 번역과 창작, 한국문학 번역 등이 있다. 국제저명 학술지에 여러 논문을 게재했고, 현재 〈페미니즘 번역 연구〉 국제 저널의 특집호 공동 편집장을 맡고 있다. 대중과 소통하기 위해 글을 쓰고, 경향신문에서 칼럼니스트로 활동하였다. 역서로는 수잔 바스넷의 저서를 옮긴 『번역의 성찰』과 『번역』이 있다.

채식주의자의 창조적 배신
데보라 스미스의 한강 번역

초판 인쇄 2025년 5월 25일
초판 발행 2025년 5월 31일

지은이 윤선경
발행인 박정식
기획 신선호
편집장 장혜정
도서편집 박미현
디자인 고지연
출판행정 김가은
경영기획 김세희
인사행정 유빈
재무회계 곽순석 김세아
캐릭터 김세원
발행처 한국외국어대학교 지식출판콘텐츠원
02450 서울특별시 동대문구 이문로 107
전화 02)2173-2494~7
FAX 02)2173-3363
홈페이지 http://press.hufs.ac.kr
전자우편 press@hufs.ac.kr
출판등록 제6-6호(1969. 4. 30)
인쇄·제본 주)파일투프린트 02)2285-0620

ISBN 979-11-7199-300-0 [93810] **정가** 17,000원
* 잘못된 책은 교환하여 드립니다.